Aus der Reihe

Von Trainern für Trainer

2015/1

Von Trainern für Trainer

Sportartspezifischen Ansätze, Entwicklungen und Lösungen
ausgewählter Studienarbeiten der Trainerakademie Köln

2015/1

Herausgegeben von der Trainerakademie Köln des DOSB

Redaktionskollegium:
Prof. Dr. Lutz Nordmann, Christoph Dolch,
Klaus Oltmanns, Thorsten Ribbecke

Anschrift:
Trainerakademie Köln des DOSB
Guts-Muths-Weg 1
50933 Köln
Tel.: 0221-94875-0
Fax: 0221-94875-20

http://www.trainerakademie-koeln.de
http://www.trainer-im-leistungssport.de

Bibliografische Information der Deutschen Nationalbibliothek:
Die Deutsche Nationalbibliothek verzeichnet diese Publikation in der Deutschen
Nationalbibliografie; detaillierte bibliografische Daten sind im Internet über
http://dnb.dnb.de abrufbar.

© 2015 Trainerakademie Köln des DOSB

Titelbild: Deutsche Hockey Agentur
Lektorat: Silke Voß

Herstellung und Verlag:
BoD – Books on Demand, Norderstedt
ISBN 978-3-7347-6943-6.

Inhalt

Vorwort

Nicht selten kann man etwas über den Sport, über Wettkämpfe, über Training und über vieles andere mehr lesen. Für eine große Gruppe der Protagonisten des Sports – die Trainerinnen und Trainer[1] – ist das mitunter auch von Interesse. Was aber bewegt Trainer und was bewegen Trainer selbst? Unser Sonderheft, das ganz bewusst und programmatisch mit dem Motto „Von Trainern für Trainer" aufmacht, geht auch in diesem Jahr diesen Fragen nach.

Nachdem wir im Oktober des vergangenen Jahres an dem Ort, wo Erfolgsmomente beginnen – also in Köln an der Trainerakademie –, unser 40-jähriges Jubiläum mit einem facettenreichen Workshop (mehr dazu auf unserer Plattform www.trainer-im-leistungssport.de) wiederholt den deutlichen Akzent auf die aus Trainersicht erforderlichen Prozesse und deren Fortentwicklung gelegt haben, wird dieser Ansatz in der vorliegenden Ausgabe konsequent fortgeführt. Auch in dieser Ausgabe wird eine Auswahl von Ergebnissen aktuell abgeschlossener Studienarbeiten des 18. berufsbegleitenden Diplom-Trainer-Studienganges aus den Sportarten Tischtennis, Schwimmen, Hockey, Leichtathletik (Wurf), Eisschnelllauf, Handball und Golf vorgestellt. Die Arbeiten zeichnen sich in besonderer Weise durch die Aktualität und Originalität der bearbeiteten Problem- und Fragestellungen und den konsequenten Bezug auf bedeutsame trainingsmethodische Aspekte aus. Die untersuchungsmethodischen Designs überzeugen dabei ebenso wie die in die Forschungsarbeiten eingebundenen Kadergruppen. Interessant ist auch, dass wesentliche Anregungen für die vorliegenden Arbeiten einerseits naturgemäß aus den praxisrelevanten Aufgaben der jeweiligen Verbände entstanden und andererseits zugleich aus dem Austausch mit Top-Wissenschaftlern, die im Diplom-Trainer-Studium mitwirken, erwachsen sind.

Zunehmend veröffentlichen Trainer und eben auch Diplom-Trainer ihre Ideen, Erfahrungen und Lösungsansätze für einen breiteren Nutzerkreis. Auch so wollten wir mit unserem Leitgedanken „Von Trainern für Trainer" verstanden werden. An den im Sportverlag Meyer & Meyer, Aachen, für verschiedene Sportarten erscheinenden Reihen „Ich lerne …", „Ich trainiere …" sowie „Modernes Nachwuchstraining …" sind zahlreiche Studierende, Absolventen, Mitarbeiter, Lehrbeauftragte und Koordinatoren der Trainerakademie beteiligt. Eine besondere Erwähnung verdient das kürzlich im gleichen Verlag erschienene Buch *Die Techniken im Ringen*. Ein Autorenteam unter Leitung von Lothar Ruch (langjähriger Bundestrainer, Koordinator an der Trainerakademie) mit Dr. Joachim Kühn (Vizepräsident Ausbildung des Sächsischen Ringerverbandes, ausgewiesener Trainingswissenschaftler) und den beiden Diplom-Trainern Jannis Zamanduridis (Sportdirektor des Deutschen Ringerbundes) sowie Jürgen Scheibe (Bundestrainer des Deutschen Ringerbundes) haben ein exzellentes Fachbuch zu den Techniken im Ringkampfsport herausgebracht, das inhaltlich

---

[1] Aus Gründen der besseren Lesbarkeit wird durchgängig die männliche (neutrale) Anredeform verwendet, die selbstverständlich die weibliche mit einschließt.

Ein ebenso anspruchsvolles und aktuelles, manchmal auch akutes Problem hängt mit dem Niveau der athletischen Leistungsvoraussetzungen in allen Kaderbereichen zusammen. Dabei spielt das trainingsmethodische Wissen und Können der zunehmend eingesetzten Spezialisten eine wichtige Rolle. Wir haben das Thema in unsere Fortbildungsangebote aufgenommen und seit 2011 stetig weiterentwickelt. Thorsten Ribbecke, selbst Diplom-Trainer (Leichtathletik), Diplom-Sportwissenschaftler und aktiver Athletiktrainer (Handball-Bundesliga), verantwortet an der Trainerakademie diesen Bereich. Sein Beitrag liefert Einblicke in unsere Philosophie und den aktuellen Stand unseres Angebotes.

Die vorliegende Ausgabe „Von Trainern für Trainer" ist sicherlich schon aufgrund der einzelnen Beiträge lesenswert. Das Heft insgesamt macht überdies Mut für den weiteren Ausbau des sportartübergreifenden Austauschs über die Projektarbeit an der Trainerakademie und das hier praktizierte Miteinander.

Der Austausch im Sport macht naturgemäß nicht an unseren Grenzen halt. Internationale Vernetzung ist gefragt und ist hilfreich. Aus diesem Blickwinkel sind die Hinweise auf das „International Sport Coaching Journal" und die im August in Vierumäki (Finnland) stattfindende 10. Global Coach Conference zu verstehen.

In diesem Sinne wünschen wir Ihnen eine anregende Lektüre und uns gemeinsam neue Anregungen und Ideen für unsere Arbeit.

Thomas Weikert   Prof. Dr. Lutz Nordmann
Vorsitzender   Direktor

Differenzielles Lernen beim Technikerwerbstraining im Tischtennis – Auswirkungen auf die technisch-taktischen Parameter am Beispiel des Vorhand-Topspin im Anfänger- und Fortgeschrittenenstadium

Daniel Behringer

1 Problemstellung

Tischtennis erfordert hochkomplexe Bewegungsabläufe, welche zudem meist unter enormem Zeit- und Präzisionsdruck durchzuführen sind. Leistungslimitierende Faktoren aufgrund einer bereits in jungen Jahren schlecht ausgebildeten Technik stellen jedoch leider keine Seltenheit dar. Aus diesem Grund kommt dem Technikerwerbstraining bereits mit Anfängern im frühen Kindesalter eine grundlegende Bedeutung zu. Bei dieser Trainingsart orientieren sich Trainer meist an den Lehrbuchtechniken und/oder an einem sogenannten Technikleitbild, das vorgibt, spezifische Bewegungen möglichst häufig zu wiederholen. Bei Fehlern oder Abweichungen in der Ausführung gemessen an diesem Leitbild erfolgt eine umgehende Fehlerkorrektur. Gleichzeitig wird durch Erhöhung der Trainingsumfänge im frühen Kindesalter eine schnellstmögliche Leistungssteigerung angestrebt. Bleiben positive Entwicklungen aus, eventuell auch nach weiteren Erhöhungen der Trainingsumfänge, wird dem Spieler in der Regel eine schlechte Lernfähigkeit für die Sportart bescheinigt. Nur sehr selten wird die Lehrmethode hinterfragt. Dies wird in der Regel mit der Begründung abgelehnt, die aktuellen Spitzenathleten hätten in ihrer Kindheit schließlich genauso trainiert. Neben dem traditionell *programmorientierten* Lernmodell, welches sich in der Vermittlung von Techniken an einem Technikleitbild und/oder an den Lehrbuchtechniken orientiert, soll in dieser Arbeit das *Differenzielle Lernen* im Tischtennis als mögliche Alternative zum Technikerwerb untersucht werden. Diese Form des Techniktrainings leitet sich von *systemdynamischen* Ansätzen ab, welche das Lernverhalten komplexer Systeme (Menschen) beschreiben. Aufgrund zahlreicher Untersuchungen zum Differenziellen Lernen, auch in verwandten Rückschlagsportarten wie Tennis, Volleyball oder Badminton, weiß man mittlerweile um den (Lern-)Vorteil dieser Trainingsmethode.

Welche Auswirkungen Differenzielles Lernen auf die technischen Merkmale und taktischen Parameter beim Technikerwerbstraining im Tischtennis hat, wird in dieser Arbeit anhand einer wissenschaftlichen Untersuchung vorgestellt, die sich beispielhaft mit dem Vorhand-Topspin befasst. Im Rahmen dieser Untersuchung wurden insgesamt 29 Spieler über einen Zeitraum von zehn Wochen nach der Differenziellen Lernmethode trainiert. Die Spieler wurden je nach Trainingsalter in die Untergruppen GLT (Trainingsalter: 0-3 Jahre, n = 12), ABT (Trainingsalter: 4-7 Jahre, n = 12), ANT (Trainingsalter: 8-10 Jahre, n = 2) und HLT (Trainingsalter: ab 11 Jahren, n = 3) aufgeteilt. Zur Bestimmung der *taktischen Parameter* „Platzierung", „Rotation" und

„Tempo" wurden wissenschaftliche Testverfahren eingesetzt. Die *technischen Merkmale* wurden von einer Expertengruppe bewertet. Diese bestand aus 15 Personen, darunter Nationaltrainer, chinesische Trainer, Landes- und Bundesligatrainer sowie ein Experte für Differenzielles Lernen mit Bezug zum Tischtennis. Die Testergebnisse werden im Folgenden dargestellt und kritisch diskutiert. Zudem wird eine Trainingsempfehlung für das Differenzielle Lernen zum Technikerwerb im Tischtennis formuliert.

2 Entwicklung geeigneter Testverfahren

Die Vorhand-Topspin-Technik sollte anhand der Entwicklung vor und nach dem Differenziellen Lernen zu den unterschiedlichen *taktischen Parametern* „Platzierung", „Rotation" und „Tempo" getestet werden. Hierzu mussten geeignete Testverfahren herangezogen werden, die aufgrund wissenschaftlicher Kriterien geeignet waren. Diese Testverfahren wurden fachspezifischer Literatur entnommen oder anhand derer entwickelt; wie werden nachfolgend im Detail aufgezeigt und erklärt. Zunächst werden jedoch die Standardisierungen erläutert, welche in einem ersten Schritt vorgenommen werden mussten, um die Wissenschaftlichkeit der Tests zu gewährleisten.

Testtisch
Die Tests wurden auf zwei gleichwertigen Donic-Tischen vollzogen, welche markiert wurden, so dass man zu Testzwecken immer genau diese beiden heranziehen konnte. Die Netze der Firma TSP wurden neu gekauft und ebenfalls nur zu Testzwecken benutzt. Die Netzhöhe betrug dem Reglement entsprechend 15,25 Zentimeter und wurde täglich mit einem Netzmesser vom Versuchsleiter vermessen.

Testschläger
Für die Untersuchung wurde ein standardisierter Testschläger zur Verfügung gestellt. Dies war notwendig, da ansonsten nicht gewährleistet werden konnte, dass jeder Proband einen gleichwertigen Spielschläger an allen drei Testterminen haben wird.

Ballroboter
Der Ballroboter für diese Untersuchung wurde von der Firma „ttmatic" für den gesamten Untersuchungszeitraum zur Verfügung gestellt. Es handelte sich hierbei um das Modell *TTmatic 505 B* mit zwei unterschiedlichen Öffnungen für den Ballauswurf. Die Schaumstoffrollen an beiden Auswürfen wurden vor jedem der drei Testtermine erneuert. Um eine mögliche Fehlerquelle auszuschließen bzw. zu benennen, wurde vor den jeweiligen Testterminen die Streuung der Ballmaschine überprüft. Dafür wurde eine Zielscheibe auf dem Tisch ausgelegt, auf welche die ausgeworfenen Bälle trafen. Diese lag, vom Mittelpunkt der Scheibe aus gemessen, 40 cm von der Mittellinie und 38 cm vom Netz entfernt. Die Zielscheibe hatte einen Durchmesser

von 20 cm und bestand aus vier Kreisen, deren Durchmesser jeweils um 5 cm größer wurde.

Der Ballaufsprung inkl. dessen Streuung auf der Zielscheibe von zwölf eingespielten Bällen wurde ermittelt und mit einer Highspeedkamera festgehalten.

Kamerapositionen

Neben der Highspeedkamera, welche bei den Testverfahren auf einem der Nebentische stand, um die Trefferleistungen festzuhalten, waren noch drei weitere Kameras aufgestellt. Diese sollten den Spieler aus unterschiedlichen Perspektiven aufnehmen:

1. Frontkamera: Diese nahm den Spieler von vorne auf und stand 1,8 m neben dem Tisch in der Verlängerung der Grundlinie.
2. Hinterkamera: Diese stand 5 m hinter dem Spieler in Verlängerung der Mittellinie.
3. Seitenkamera: Von der Grundlinie aus, an welcher der Spieler stand, wurden 5 m nach rechts und 1 m nach hinten abgemessen, von wo aus die Kamera den Spieler im Seitenprofil erfasste.

3 Testverfahren

Um geeignete Testverfahren für diese Untersuchung heranzuziehen, wurde in der Literatur geforscht. Zum *Platzierungstest* fand man hierzu einiges, welches man als Anhaltspunkte für die Testentwicklung nutzen konnte (vgl. Ruschke, 2012, S. 168+169). *Rotations-* und *Tempotests* im Tischtennis waren weder in der Literatur oder im Internet noch durch Rücksprache mit Experten zu ermitteln. Aus diesem Grunde wurde nach Trainingsmethoden und -empfehlungen von Fachexperten im Tischtennis geforscht, welche Tipps und Hilfen für eine wissenschaftliche Testentwicklung bieten könnten. Anhand der Erläuterungen von Geske & Müller (1999, S. 51+52) zur Rotation im Tischtennis sowie von Gadal (1997, S. 52) zur Tempoerzeugung beim Vorhand-Topspin konnten Verfahren entwickelt werden, welche diese beiden Parameter des Vorhand-Topspins testeten.

Platzierungstest

Die Platzierung an die Tischecken oder – im Optimalfall – nah an oder sogar über die Seitenlinien hinaus stellt im Tischtennis eine effektive Platzierung dar (vgl. Geske & Müller, 1999, S. 14), weshalb dies beim aufgeführten Platzierungstest auch getestet wurde. Dementsprechend wurden die aufgeführten Testverfahren aus der Literatur leicht abgeändert, welche nur Trefferflächen auf dem Tisch aufwiesen. Angemerkt sei an dieser Stelle, dass das Anspiel des gegnerischen Wechselpunktes (Ellenbogen) sicher ebenfalls zu den effektiven Platzierungsmöglichkeiten im Tischtennis zählt (vgl. Geske & Müller, 1999, S. 14 - 17). Jedoch wurde in keinem der Tests bei dieser Untersuchung dieses Anspiel explizit geprüft.

Vor Testbeginn wurde jeder Proband einzeln instruiert. Hierfür wurden folgende Informationen gegeben:
„Es gibt vier Übungen. Das Ziel ist es, die Bälle mit Vorhand-Topspin möglichst in den mittleren Kreis zu spielen."
Anschließend folgte die Einspielphase von 15 Sekunden, so dass sich der Proband auf das Zuspiel des Ballroboters, die Ballflugkurve des eingespielten Balles und auf den Testschläger einstellen konnte. Nach einer darauffolgenden Pause von 30 Sekunden wurden alle vier Übungen nacheinander durchgespielt. Zwischen zwei Übungen hatte der Proband zusätzlich jeweils 30 Sekunden Pause. Diese Pausenzeiten wurden dazu genutzt, Instruktionen zur bevorstehenden Übung zu geben. Zur genauen Erfassung wurden jegliche Pausenzeiten sowie auch die jeweiligen Einspielzeiten mit einem Timer abgestoppt.

Der Platzierungstest bestand insgesamt aus vier einzelnen Übungen:
Übung 1: 12x Vorhand-Topspin diagonal
Übung 2: 12x Vorhand-Topspin parallel
Übung 3: 24x Vorhand-Topspin regelmäßig diagonal und parallel (1:1)
Übung 4: 12x Vorhand-Topspin unregelmäßig diagonal oder parallel (optischer Reiz)

Die Punkteverteilung beim Platzierungstest richtete sich danach, in welchem Ring der Zielfläche der Ball aufkam. Je näher an den Mittelpunkt der Zielfläche gespielt wurde, desto mehr Punkte wurden erreicht. Der jeweilige Durchmesser eines Ringes und dessen Wert hierzu waren wie folgt:
Ringmitte in Gelb: 20cm Durchmesser = 3 Punkte
Ring in Grün: 40cm Durchmesser = 2 Punkte
Ring in Blau: 60cm Durchmesser = 1 Punkt
Alles andere außerhalb des blauen Kreises = 0 Punkte

Die Bälle, welche vom Spieler ins Netz gespielt wurden, wurden mit 0 Punkten gewertet und separat als Fehler festgehalten. Dies sollte dazu dienen, evtl. weitere Rückschlüsse für die Untersuchung zu liefern. Fehlversuche durften bei diesem Test nicht wiederholt werden. Die jeweils erreichten Punkte in den vier Einzelübungen wurden am Ende zu einem Gesamtergebnis aufaddiert.

Rotationstest
Hält man bei einem vom Gegner mit Oberschnitt gespielten Ball (z. B. Topspin) den Schläger gerade hin, so springt der Ball je nach Rotationsstärke nach oben ab bzw. über die gegnerische Tischhälfte ins Aus (vgl. Geske & Müller, 1999, S. 51). Auf dieser Aussage basiert der folgende Rotationstest. Geske & Müller (1999) sprechen bei der Rotationserzeugung auch davon, dass ein Ball desto mehr Rotation erhält, je schneller der Schläger beim tangentialen Treffen des Balles ist (S. 56). Es wurden somit beim aufgeführten Rotationstest primär das tangentiale Treffen des Balles und

die individuell mögliche Beschleunigungsfähigkeit (Dynamik) getestet. Hierfür wurde ein Rückschlagbrett eingesetzt.

Aufgrund dieses *Rückschlagbretts*, auf welches die Topspins gespielt wurden, waren sowohl das Spielmaterial (Beläge) auf dem Brett als auch die Winkelstellung für alle Spieler an allen Testterminen gleich und somit standardisiert. Wurde ein Vorhand-Topspin regelgerecht über das Netz auf die gegnerische Tischhälfte gespielt, von wo aus er auf das Rückschlagbrett traf, flog der Ball nach oben auf eine Skala, welche 60 cm über der Tischoberfläche über dem Netz angebracht war. Dies entsprach einem Treffer. Die Trefferleistungen in Bezug auf die Höhe des Balles auf dieser Skala (1-10) wurden bewertet und anhand der Highspeedaufnahmen im Nachhinein ausgewertet. Die grundlegende Aussage war: Je höher der Ball auf die Skala traf, desto mehr Rotation hatte der Ball und desto mehr Punkte gab es. Wurde ein Tischtennisball ins Netz oder nicht korrekt auf das Rückschlagbrett gespielt, so wurde dies als Fehler gewertet und der Schlag durfte wiederholt werden. Die Anzahl der Fehlversuche wurde schriftlich festgehalten. Nach zwölf Treffern war der Test beendet und die erzielten Punkte wurden zu einem Gesamtergebnis aufaddiert.

Tempotest

Beim Tempotest mussten Vorhand-Topspins parallel mit maximalem Tempo gespielt werden. Der Ball flog dabei nach Aufsprung auf dem Tisch hinter eine von zehn möglichen Banden. Die erste Bande stand dabei genau 1m vom Tisch entfernt, die zehnte Bande war am weitesten entfernt. Die Punkte wurden vergeben, je nachdem welche Bande getroffen wurde. Traf der Ball die erste Bande, wurde ein Punkt vergeben. Traf er die zehnte Bande, wurden zehn Punkte vergeben. Nach zwölf erzielten Treffern wurde der Test beendet und die erzielten Punkte zu einem Gesamtergebnis addiert.

Qualitative Expertenmeinung

Neben der *quantitativen Erhebungsmethode* zu den taktischen Parametern „Platzierung", „Rotation" und „Tempo" beim Vorhand-Topspin wurde auch eine *qualitative Beobachtung* durch Experten im Tischtennis durchgeführt. Diese Experten sollten die gespielte Vorhand-Topspin-Technik eines jeden einzelnen Spielers anhand der technischen Merkmale nach DTTB-Techniklehrplan bewerten.

Beim ersten Termin wurde jedem Experten zu Beginn eine schriftliche Erklärung zum Procedere des Bewertungsverfahrens an die Hand gegeben. Die Bewertung und die Benotung eines jeden einzelnen Spielers wurden von den Experten auf einem vorgefertigten und standardisierten Formular festgehalten. Darauf enthalten waren die technischen Merkmalskriterien des Vorhand-Topspins nach DTTB-Techniklehrplan:

- Fußstellung (Fußballenstand, leicht geöffnete Stellung zur Vorhand)
- Gewichtsverlagerung
- Körperdrehung (Hüfte u. Schulterachse)
- Unterarmstreckung und -beugung
- Handgelenkeinsatz

- tangentialer Balltreffpunkt
- Balltreffpunkt am „Goldenen Dreieck"

Zur Benotung des jeweiligen Topspins konnten die Noten 1 bis 6 vergeben werden, welche dem Schulnotenprinzip entsprechen. Es konnten dabei nur ganze und halbe Noten vergeben werden.

1. Durchgang
Dem Experten wurde ein Video vorgespielt, welches als *Video 11* ausgewiesen war. Hier wurden die jeweiligen Platzierungs-, Rotations- und Tempotests eines Teilnehmers angeschaut, bewertet und abschließend auch benotet.

2. Durchgang
Die *Videos 11* und *22* des gleichen Probanden wurden im zweiten Durchgang gleichzeitig vorgespielt. Der Experte sollte nun Unterschiede zwischen den beiden Videos erkennen und bewerten. Auch dies wurde abschließend mit einer Note belegt.

3. Durchgang
Beim dritten und letzten Durchgang wurde das Video 11 durch das *Video 33* des gleichen Teilnehmers ausgetauscht, welches nun mit dem *Video 22* verglichen wurde. Dies geschah nach gleichem Vorgehen wie im 2. Schritt.

4 Ergebnisse

Platzierungstest:
In Abb. 1 sind die Ergebnisse anhand der Mittelwerte des Platzierungstests zusammengefasst. Die Gruppe „Gesamt" weist bei jedem Testtermin eine Leistungssteigerung auf. Die positive Entwicklung nach der Aneignungsphase ist nicht signifikant (p = 0,127). Eine ähnliche Entwicklung ist bei der Gruppe „ABT" und den Spielern 6, 28

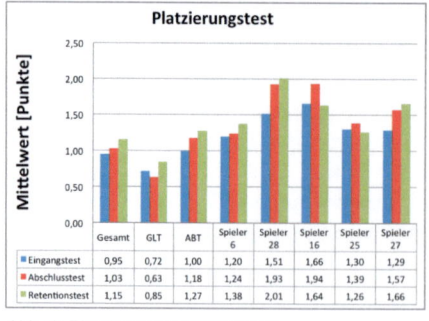

Abb. 1: Platzierungstest Mittelwert

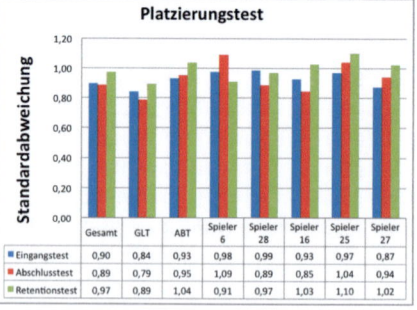

Abb. 2: Platzierungstest Standardabweichung

und 27 zu beobachten. Die Gruppe „GLT" verschlechtert sich zwar nach der Trainingsphase, verbessert sich jedoch nach der Retentionsphase über das Eingangsniveau hinaus. Die Spieler 16 und 25 zeigen dagegen zwar eine Verbesserung nach der Trainingsphase, fallen jedoch nach der Retentionsphase wieder annähernd auf ihr Eingangsniveau zurück.

In Abb. 2 sind die Standardabweichungen des Platzierungstests aufgeführt. Diese nehmen nach der Trainingsphase bei den Gruppen „Gesamt", „GLT", sowie den Spielern 28 und 16 ab und steigen beim Retentionstest wieder an. Daraus kann man schließen, dass die Leistung beim Abschlusstest eine höhere Konstanz aufweist. Einzig bei Spieler 6 nimmt die Standardabweichung beim Retentionstest deutlich ab. Bei allen anderen kommt es zu einer kontinuierlichen Steigerung diesbezüglich.

Expertenurteil:
Beim Expertenurteil wurden die technischen Merkmale beim Vorhand-Topspin in Bezug auf deren Entwicklung nach Differenziellem Lernen bewertet. Zu Beginn folgen in diesem Abschnitt die Bewertungen von allen Experten für die Gruppen „Gesamt", „GLT" und „ABT". Im Anschluss daran folgen die Bewertungen für die Gruppe; „Gesamt" von den fünf verschiedenen Expertengruppen.

In Abb. 3 sind die Bewertungen aller 15 Experten zu allen 29 Spielern aufgeführt. Dabei wird jeweils zwischen einer „positiven Entwicklung" (Verbesserung), „keiner Entwicklung" (Stillstand) und einer „negativen Entwicklung" (Verschlechterung) unterschieden. Entscheidend ist dabei, wie die jeweiligen Experten die Vorhand-Topspin-Technik beim Abschluss- und beim Retentionstest bewerteten.

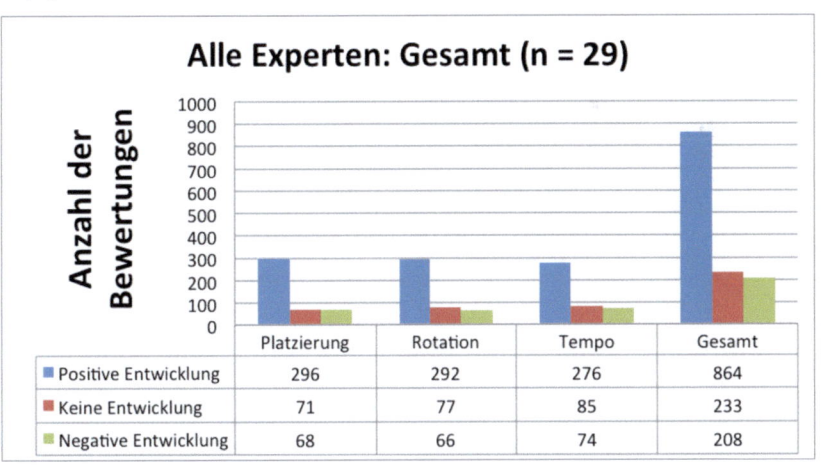

	Platzierung	Rotation	Tempo	Gesamt
Positive Entwicklung	296	292	276	864
Keine Entwicklung	71	77	85	233
Negative Entwicklung	68	66	74	208

Abb. 3: Bewertung von allen Experten: Gesamt (n = 29)

Zur Berechnung des Signifikanzniveaus wurden die Punkte „negative Entwicklung" und „keine Entwicklung" zusammengenommen, da auch „keine Entwicklung" als negativ zu bewerten ist. Diese beiden Punkte wurden demzufolge der „positiven Entwicklung" gegenübergestellt. Die positiven Bewertungen beim Platzierungstest (p = 0,001), Rotationstest (p = 0,001), Tempotest (p = 0,001) und „Gesamt" (p = 0,001) sind dabei jeweils hochsignifikant.

Tab. 1. Kriterien zur Festlegung der Entwicklung

	Abschusstest	Retentionstest
Positive Entwicklung	Plus (+)	Plus (+)
Positive Entwicklung	Plus (+)	Gleich (=)
Positive Entwicklung	Gleich (=)	Plus (+)
Positive Entwicklung	Minus(-)	Plus (+)
Positive Entwicklung	Plus (+)	Minus(-)
Keine Entwicklung	Gleich (=)	Gleich (=)
Negative Entwicklung	Minus(-)	Gleich (=)
Negative Entwicklung	Gleich (=)	Minus(-)
Negative Entwicklung	Minus(-)	Minus(-)

Tab. 2. Bewertung der Gruppe ANT (n = 2); Spieler 6 und 28

	Anschlusstraining (n = 2)									AT	RT
Platzierungstest	+/+	+/=	=/+	-/+	+/-	=/=	-/=	=/-	-/-		
Spieler 6	5	6	0	0	1	2	0	1	0	-0,60	-0,20
Spieler 28	1	0	0	1	5	6	0	1	1	-0,13	0,17
			19			8		3			
Rotationstest	+/+	+/=	=/+	-/+	+/-	=/=	-/=	=/-	-/-		
Spieler 6	3	7	2	0	0	1	0	1	1	-0,48	-0,10
Spieler 28	2	0	1	0	4	7	0	1	0	-0,23	0,10
			19			8		3			
Tempotest	+/+	+/=	=/+	-/+	+/-	=/=	-/=	=/-	-/-		
Spieler 6	3	7	0	1	3	1	0	0	0	-0,70	-0,07
Spieler 28	1	1	3	1	5	3	1	0	0	-0,20	0,00
			25			4		1			
Alle drei Tests zusammen	+/+	+/=	=/+	-/+	+/-	=/=	-/=	=/-	-/-		
Spieler 6	11	20	2	1	4	4	0	2	1	-1,70	-0,37
Spieler 28	4	1	4	2	14	16	1	2	1	-0,57	0,27
			63			20		7			

Wie man Tabelle 2 entnehmen kann, kommt es bei der Bewertung von Spieler 6 zu einer kontinuierlichen Verbesserung, was sich auch anhand der Benotung feststellen lässt. Eine positive Entwicklung in Bezug auf die Bewertung ist auch bei Spieler 28 festzustellen, auch wenn diese nicht so deutlich ausfällt wie bei Spieler 6. Anhand der Benotung ist festzustellen, dass es nach der Aneignungsphase zu einer positiven Entwicklung kommt, welche nach der Retentionsphase wieder leicht abnimmt bzw. beim Tempotest gleich bleibt.

5 Diskussion

Platzierungsfähigkeit
Die Ergebnisse zur *Platzierungsfähigkeit* am Beispiel des Vorhand-Topspins weisen darauf hin, dass die Präzisionsleistung durch Differenzielles Lernen signifikant ansteigt. Dabei kommt es zwar bei allen Probanden zu einer durchschnittlichen Leistungssteigerung nach der Aneignungsphase, welche jedoch nicht signifikant ist. Diese nichtsignifikante Leistungssteigerung nach der Aneignungsphase mit gleichzeitiger Abnahme der Standardabweichung weist jedoch unter anderem auf eine konstantere Leistung hin (vgl. Beckmann & Schöllhorn, 2006, S. 48). Die positive Entwicklung beim Retentionstest im Anschluss ist hochsignifikant. Jedoch kommt es dabei auch wieder zu einer Zunahme der Standardabweichung. Das Signal-Rausch-Verhältnis ist demzufolge wieder schlechter geworden.

Beim Blick auf die einzelnen Spieler, welche dem *Anschluss-* und *(Hoch-)Leistungstraining* angehören, fällt auf, dass diese sich nach der Aneignungsphase oder/und nach der Retentionsphase über das Eingangsniveau hinaus positiv entwickeln. Die Anpassung scheint dabei jedoch sehr individuell zu sein, da Spieler 6, 28 und 27 sich kontinuierlich steigern, während die Spieler 16 und 25 beim Abschlusstest ihren besten Wert erreichen und danach wieder abfallen. Dies bestätigt, dass die Anpassungszeiträume individuellen Rhythmen unterliegen. Zum anderen kann tendenziell darauf geschlossen werden, dass Spieler mit einem höheren Trainingsalter während einer Retentionsphase wieder leichter auf ihr Ausgangsniveau zurückfallen. Dies würde dem berühmten Ausdruck „Die Macht der Gewohnheit", entsprechen. Es könnte daher vermutet werden, dass beim Differenziellen Lernen die Trainingsphase von Spielern mit einem höheren Trainingsalter länger als zehn Wochen sein sollte, um letztlich eine Bewegung instabil zu machen und um eine Selbstorganisation auszulösen. Grundsätzlich sind die Auswirkungen nach dem Differenziellen Lernen auch hier tendenziell positiv zu bewerten. Von daher empfiehlt sich auch bei Spielern mit einem höheren Trainingsalter der Einsatz des Differenziellen Lernens beim Technikerwerbstraining im Tischtennis. Diese Aussage ist jedoch aufgrund der geringen Anzahl an Spielern in diesem (Trainings-)Altersbereich mit einer gewissen Vorsicht zu verstehen.

Expertenurteile
Betrachtet man die Expertenurteile, so fällt auf, dass die Entwicklung nach Differenziellem Lernen im Tischtennis auch hier als äußerst positiv bewertet wird. Es kommt bei der Bewertung von allen Experten zu einer hochsignifikanten Verbesserung der technischen Merkmale des Vorhand-Topspins bei allen Spielern im Durchschnitt (vgl. DTTB, 2007, S. 24). Die jeweilige Benotung lässt darauf schließen, dass es nach der dreiwöchigen Retentionsphase nochmals zu einer weiteren positiven Entwicklung kommt. Dies könnte darauf zurückzuführen sein, dass bei den Spielern in dieser Phase eine Selbstorganisation eintritt, wodurch es zu einer weiteren Optimierung der Schlagtechnik kommt.

6   Resümee

Aus wissenschaftlicher Sicht kann bestätigt werden, dass das Differenzielle Lernen beim Technikerwerbstraining am Beispiel der technisch-taktischen Parameter des Vorhand-Topspins eine positive Auswirkung hat. Die Leistung in Bezug auf den Mittelwert aller Spieler (n = 29) nimmt in Bezug auf die Platzierungsfähigkeit, Rotations- und Tempoerzeugung hochsignifikant zu. Für die Gruppen im Grundlagentraining (n = 12) und Aufbautraining (n = 12) kann ebenfalls festgehalten werden, dass es zu deutlichen Leistungssteigerungen kommt. Da lediglich zwei Spieler dem Anschlusstraining und drei Spieler dem (Hoch-)Leistungstraining angehören, kann zu diesen Gruppen keine wissenschaftliche Aussage gemacht werden. Lediglich eine positive Tendenz in deren Entwicklung weist darauf hin, dass Differenzielles Lernen auch bei Spielern mit einem höheren Trainingsalter zu positiven Leistungssteigerungen führt. Es bedarf jedoch weiterer Untersuchungen zu der Frage, wie sich Spieler mit höherem Trainingsalter beim Differenziellen Lernen entwickeln. Auch die Bewertung der technischen Merkmale des Vorhand-Topspins durch die Experten weist eine deutlich positive Entwicklung nach Differenziellem Lernen in der Aneignungsphase, aber auch nach der Retentionsphase auf. Aus diesem Grunde kann festhalten werden, dass das Differenzielle Lernen neben den programmorientierten Lernmodellen eine gewinnbringende Alternative für das Technikerwerbstraining im Tischtennis darstellt. Es bedarf sicherlich weiterer Untersuchungen zu der Frage, inwieweit sich das Differenzielle Lernen vom programmorientierten Lernmodell absetzt bzw. unterscheidet, wonach das Differenzielle Lernen womöglich eine höhere Akzeptanz für das Technikerwerbstraining im Tischtennis erfahren würde. Ob sich auch andere Schlagtechniken im Tischtennis und nicht zuletzt die Beinarbeitstechniken in Bezug auf die Schnelligkeit durch Differenzielles Lernen positiv beeinflussen lassen, müsste in Zukunft ebenfalls empirisch nachgewiesen werden. Die Vermutung liegt jedoch sehr nahe, dass es auch hier zu deutlichen Leistungssteigerungen kommen wird (vgl. Schöllhorn, Mendoza, Hurth & Donner, 2011, S. 8-12). Einige Experten bemerkten bei den Videoanalysen, dass die Dynamik in den Vorhand-Topspin-Schlägen nach Differenziellem Lernen zugenommen hat. Es bedarf jedoch weiterer Untersuchungen hierzu, um dies wissenschaftlich zu belegen. Gerade weil die Beschleunigungsfähigkeit im Tischtennis eine dominante Rolle für die Tempo- und Rotationserzeugung darstellt (vgl. Gadal, 1997, S. 52), könnte hier eine weitere Möglichkeit zur Optimierung der Trainingsqualität liegen, welche womöglich wiederum für das Differenzielle Lernen sprechen könnte.

Literatur

Beckmann, H. & Schöllhorn, W. (2006). *Differenzielles Lernen im Kugelstoßen.* Leistungssport, 4, 44-50.

Beckmann, H., Winkel, C. & Schöllhorn, W. (2010). *Optimaler Variationsbereich im Techniktraining.* Universität Mainz, Institut für Sportwissenschaft, BISp-Jahrbuch – Forschungsförderung, 91-94.

DTTB. (2007). *Tischtennis Lehrplanreihe –Schlag- und Beinarbeitstechnik. Vorhand-Topspin, Sidejump & Co* (3., aktualisierte Auflage), Würzburg: Schimmel Satz & Graphik GmbH & Co. KG.

Gadal, M. (1997). *Der Weg zum Erfolg. Tischtennis der Weltklasse für Trainer und Spieler.* Kanada: Transnet.

Geske, K.-M. & Müller, J. (1999). *Tischtennistaktik: Dein Weg zum Erfolg.* Aachen: Meyer und Meyer.

Ruschke, M. (2012). *Studie zum Fertigkeitslernen – Reihenfolgeeffekte beim beidseitigen Üben einer Tischtennis-Schlagtechnik.* Leipzig: Universität Leipzig, Sportwissenschaftliche Fakultät.

Schöllhorn, W., Mendoza, L., Hurth, P. & Donner, E. (2011). *Schneller Sprinten und Laufen in allen Sportarten.* Schorndorf: Hofmann-Verlag.

Apnoe-Wende – Funktionale Bewegungsanalyse, funktionaler Lehrweg und Wettkampfbefunde

Carsten Gooßes

1 Problemstellung

Neben Neuentwicklungen, Tendenzen und technischen Variationen der letzten zwei Jahrzehnte im internationalen Schwimmsport gehören zu den bedeutendsten Einflüssen die seit 1991 veränderten Wettkampfbestimmungen. Diese erlauben seitdem den Schwimmern u. a., sich beim Start und bei jeder Wende unter der Wasserlinie tauchend bis zu 15 m fortzubewegen. Infolgedessen werden heute Schwimmwettbewerbe nicht allein durch höhere Schwimmgeschwindigkeiten entschieden, sondern – wie aus Untersuchungen zu Zeitdifferenzen internationaler Weltklasseschwimmer hervorgeht – durch eine gewonnene Zeitersparnis, die meist auf die Ausführung der techno-motorischen Leistungskomponenten der Start- und Wendeabschnitte zurückzuführen sind. Topschwimmern gelingt es, in Start- und Wendeabschnitten sehr hohe Schwimmgeschwindigkeiten zu realisieren und diese auf die zyklischen Schwimmbewegungen zu übertragen (Graumnitz & Küchler, 2009). Eine entscheidende Rolle nimmt dabei die delphinähnliche Schwänzelbewegung der Beine unter Wasser ein (Schröder, 2008), die mittlerweile die schnellste Fortbewegungsart in den Start- und Wendebereichen ist und erst weitere Verbesserungen von Weltrekorden ermöglichte.

2 Motivlage

Da in den Rahmentrainingsplänen der Landesschwimmverbände, im Gegensatz zu konkurrierenden Schwimmnationen, die Unterwasserbewegung über einen Zeitraum wenig oder gar keine Berücksichtigung fand, wurden Zeit- und Leistungsreserven unzureichend ausgenutzt. Derartige Neuentwicklungen, die einen langwierigen und schwierigen Lernprozess im Nachwuchsleistungssport bedeuten, gilt es nicht zu verpassen.

Somit bestand die Motivation der vorliegenden Arbeit darin, die in Videoaufnahmen beobachteten, komplett unter Wasser ausgeführten Wendeaktionen beim Schmetterlingsschwimmen japanischer Schwimmer im Wettkampf in den Ausbildungsprozess des Nachwuchstrainings zu integrieren und erste vergleichende Untersuchungsergebnisse zu erheben. Dabei wurden mehrere Teilziele verfolgt:

- ➢ erste Beschreibung der Unterwasserwende unter Nutzung der funktionalen Bewegungsbeschreibung nach Göhner,
- ➢ erste Erstellung eines funktionalen Lehrweges für die Vermittlung der Unterwasserwende,

> erste biomechanische Untersuchungen der Unterwasserwende im Training und Wettkampf.

3 Problemstellung

Mit dem dauerhaften Wettkampfeinsatz der Unterwasserwende der ersten Schwimmer wuchs die Zahl der Kritiker und Skeptiker, die vorwiegend zwei Hauptargumente anführten. Eine Befürchtung stützt sich auf die längere Zeit ohne Atmung bei der Unterwasserwende im Verbund mit der Ausnutzung der Unterwasserbewegung über 15 m, nach Start und Wende(n). Hierbei wird vermutet, dass die Athleten eine „Sauerstoffschuld" eingehen und somit eine „Übersäuerung" begünstigen, die sich negativ auf die Schwimmgeschwindigkeit auswirkt. Weiterhin wurde von den Kritikern der Unterwasserwende behauptet, dass bei dieser Wendenvariante unter Wasser ein größerer bremsender Effekt gegenüber bisher bekannten Wenden auftritt. Somit mussten vorab zwei grundsätzliche Fragestellungen beantwortet werden:

> Hat die zeitliche Länge der Dauer ohne Einatmung Einfluss auf die Wettkampfzeit?
> Was bestimmt die Bremsung einer Bewegung unter der Wasserlinie?

Dazu konnten Untersuchungen artverwandter Sportarten wie z. B. dem fünfminütigen Wettkampf im Synchronschwimmen, bei dem wiederholte anstrengende Unterwasseraktionen über längeren Zeitraum selbstverständlich sind, herangezogen werden. Derartige Untersuchungen zeigten, dass eine maximale Beanspruchung (Herzfrequenzmaximum) erst nach 17,5 s nach dem Abtauchen auftrat und in den ersten 5 bis 10 s unter Wasser der Herzfrequenzanstieg lediglich 3 bis 5 Schläge pro Minute betrug (Spieß, 1999). Darüber hinaus bewältigen Weltklasseschwimmer bei höchsten Anstrengungen im Wettkampf sowohl mehrfach Tauchstrecken über 15 m nach den Wenden und erreichen Weltrekord. Auch die Disziplin des 50 m Kraulschwimmens wird ohne Atmung durchgeführt. Daher erscheint die Sorge, ein längerer Zeitraum ohne Einatmung könne zu einem Leistungsverlust führen, als nicht gerechtfertigt.

Auch zu den auftretenden Bremskräften im und unter Wasser konnten die Ergebnisse verschiedener Untersuchungen herangezogen werden. So zeigte sich, dass höhere Widerstände weniger von der Geschwindigkeit als vielmehr von der Gleittiefe abhängen (Recht, 2003; Lyttle, Elliot, Banksby & Lloyd, 1999). Eine Fortbewegung deutlich unter der Wasserlinie (min. 0,80 m) weist einen 3 bis 4-fach reduzierten Widerstand auf, da ein Wellenwiderstand ab dieser Gleittiefe vermieden wird. Ähnlich beschrieb dies ebenfalls KLAUCK (1979), indem erzeigte, dass ein Wellenwiderstand in Form von „mitgeschleppten" Wassermassen im Vergleich zum Widerstand unter Wasser deutlich höher ist. Dazu entwickelte er ein Verfahren („Klauck'sche Gleittest"), mit dem bestimmt werden kann, wie viel Wassermassen pro Meter individuell „mitgeschleppt" werden. Unter anderem diese Ergebnisse haben maßgeblichen

Einfluss auf die Entscheidung genommen, erstmalig außerhalb Japans diese neue Wendenvariante zu vermitteln, zu trainieren und grundlegende Parameter zu untersuchen.

4 Durchführung

4.1 Testbeschreibung und -durchführung

Bei den 19 Probanden handelte es sich um 11 weibliche und 8 männliche Schwimmer des Nachwuchskaders D des Landesschwimmverbandes Niedersachsen, deren Alter im Mittel bei 14,4 (+/- 0,74) Jahren lag. Alle Sportler bereiteten sich auf die nationalen Jugendmeisterschaften vor, u. a. für die Disziplinen Brust- und Schmetterlingsschwimmen.

Um eine aussagekräftige Vergleichsmöglichkeit nutzen zu können, wurde mit allen Probanden zunächst ein Pretest durchgeführt, bei dem alle Sportler die bislang übliche Kippwende vollzogen sowie videogestützt für die einzelnen Teilabschnitte die Parameter der folgenden Tabelle (Tab. 1) erhoben und dokumentiert wurden.

Tab. 1: Übersicht der Mess-Parameter

Parameter	Beschreibung	Erklärung
t_{30m}	Gesamtzeit der Wende -15m Anschwimmen -> 15m Abschwimmen	Kopfdurchgang bei 15m
t_{ein}	15m bis Beckenwand	Kopfdurchgang 15m -> Anschlag
t_{AN}	7,5m bis 2,5m vor der Beckenwand	Kopfdurchgang
t_{AD}	2,5m bis Handanschlag an der Beckenwand	Kopfdurchgang
t_{D}	Anschlag bis Lösen der Füße	Hier fließt die Drehung mit dem Abstoß ein
$t_{Ü}$	Mit Lösen der Füße bis 7,5m	Kopfdurchgang
t_{15m}	Gesamtzeit der Wende -7,5m vor und 7,5m nach der Wende	Kopfdurchgang
t_{aus}	Lösen der Füße bis 15m	Kopfdurchgang
t_{sub}	Zeit ohne Atmung	Letzte Einatmung vor der Wende -> 1. Einatmung nach der Wende

Zur Erörterung leistungsbestimmender Faktoren im Schwimmen wurde bereits häufig die Biomechanik bei Wenden bemüht, wobei es sich als zweckmäßig erwies, zeitliche Anteile einzelner Aktionen und Abschnitte für weitere Beurteilungsschritte zur Grundlage zu bestimmen. Nach Küchler (1998) setzt sich der 15 m-Wendenabschnitt (t_W) aus der Summe der Zeitwerte für Anschwimmen (t_{AN}), Adaptation (t_{AD}), Drehen (t_D), Abstoßen (t_{ABST}) und Übergang bis zur Wasserlinie ($t_Ü$) zusammen:

$$t_W = t_{AN} + t_{AD} + t_D + t_{ABST} + t_Ü$$

In den vorgenommenen Untersuchungen wurde zur Klärung der Frage, inwieweit die neue Variation der Unterwasserwende die An- und Abschwimmzeit beeinflusst, die Teilzeit t_{30m}, die sich aus den Abschnitten t_{15m} und t_{aus} zusammensetzt, erhoben. Ein weiterer Schwerpunkt wurde auf die Teilzeit t_{sub} gelegt, die angibt, wie lange die Schwimmer mit dem Kopf unter Wasser sind und nicht einatmen können. Diese Zeitspanne dürfte bei der Unterwasserwende länger als bei der Kippwende. Die Abbildung 1 gibt einen detaillierten graphischen Überblick über die erhobenen Messungen der verschiedenen Wendenvariationen.

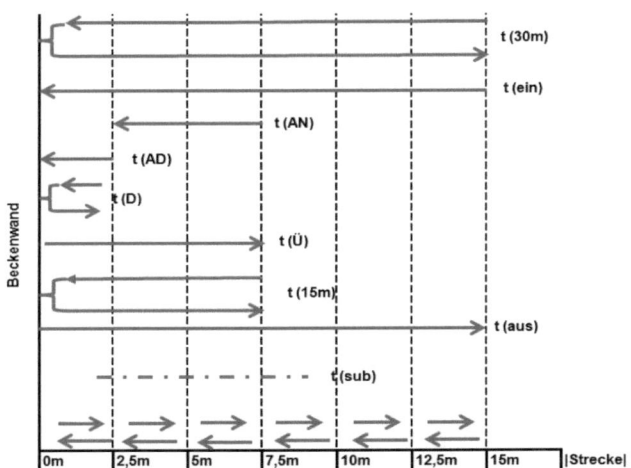

Abb. 1: Schematische Darstellung der Wendenmessung und der angewandten Parameter

Während eines 10-wöchigen Untersuchungszeitraumes wurden drei videogestützte Tests durchgeführt, um gleichzeitig einen Entwicklungsverlauf zu dokumentieren. Bei allen drei Tests wurden von jedem Probanden jeweils zwei Kippwenden und zwei Unterwasserwenden (1 x Brust und 1 x Schmetterling) ausgeführt. Um einen Wettkampfcharakter vorzugeben, hatten alle Probanden für alle in den Tests durchgeführten Wenden immer nur einen Versuch.

Für einen Vergleich der Kipp- und Unterwasserwenden im Rahmen der Untersuchungen wurden die in den Wettkämpfen erhobenen Teilzeiten aus Tabelle 1 bzw. Abbildung 1 herangezogen, die ebenfalls videogestützt als Pretest im Juni 2012, somit vor Vermittlung der Unterwasserwende, und als Posttest im Dezember 2012 zum Ende des 10-wöchigen Untersuchungszeitraumes erhoben wurden. Die erhobenen Daten der Teilzeiten aller Probanden wurden geschlechtsspezifisch zur Auswertung mit den Methoden der beschreibenden Statistik (Mittelwert, Standardabweichung) aufbereitet, um Vergleiche zu ermöglichen und Veränderungen zu verdeutlichen.

4.1.1 Vermittlungskonzept Unterwasserwende

Um einen größtmöglichen Erfolg der Vermittlung neuer Bewegungsabläufe sicherzustellen, wurde die funktionale Bewegungsanalyse nach Göhner (1979) eingesetzt, deren Vermittlungsschritte auf lerntheoretischen Überlegungen basieren. Dabei hilft diese Bewegungsanalyse sowohl dem Lernenden als auch dem Lehrenden, die Aktionen im Bewegungsraum Wasser besser zu verstehen, indem sie sich auf die drei Schritte

➢ Aktionsskizze,
➢ Verlaufsbeschreibung und
➢ funktionale Belegung

stützt und dadurch zu einem aufgabenbezogenen Lehrweg überleitet.
Reihenbilder der Unterwasserwende dienten als Grundlage für die Aktionsskizzen, die, erweitert und präzisiert durch die Verlaufsbeschreibung bei gleichzeitiger Bestimmung der funktionalen Belegung (Wozu vollziehe ich den Aktionsteil?), als theoretische Grundlage für Lernenden und Lehrenden erarbeitet wurden. Somit ließ sich die neue Bewegungshandlung samt detailliertem Ablauf optimal analysieren und konnten im weiteren Verlauf des Lehrweges die Haupt- und Hilfsfunktionsphasen der Bewegung definiert werden.
Eine zielorientierte Handlung bzw. eine willkürlich ausgeführte Bewegung wie die Durchführung einer Wende im Schwimmen wird umso wirkungsvoller umgesetzt, desto passender die so genannten Knotenpunkte auf sensorische Erinnerungen zurückgreifen können. Derartige Erinnerungen, welche auf Bewegungserfahrungen basieren, müssen sich Neulernende als sensorische Erfahrungen erst erarbeiten. Ein funktionaler Lehrweg, der sinnvolle Aufgabenstellungen in ebensolchen sinnvollen Reihenfolgen anbietet, bei dem jedoch die Lösungen vom Lernenden selbständig erarbeitet werden, hat größere Erfolgsaussichten beim Bewegungslernen. Der Erkennung individuell gelungener Lösungen sollte eine Vertiefung der Bewegungshandlung durch Übungswiederholungen folgen, um somit entsprechende sensomotorische Kognitionsspuren aufzubauen. Diesen Grundsätzen folgend wurde für die Probanden eine Verlaufsplanung des Untersuchungszeitraumes erstellt, welche aus Tabelle 2 ersichtlich wird.

Tab. 2: Verlaufsplan des Untersuchungszeitraumes

Tätigkeit	Häufigkeit	Bemerkung
Vorstellen der Unterwasser-wende	Lehrgangswochenende (1 TE)	Videogestützte Bewegungs-vorstellungen schaffen
Lösen der Hauptfunktionspha-se / Hilfsfunktionen	jede 3. TE für 1 Wo bei 10 TE / Wo	Rückmeldungen durch Trai-ner und Schwimmer
Test 1 (Sept. 2012) 2 Kippwenden und 2 Unterwasserwenden	Jeder versucht die bestmögliche Imitation	Video-Aufnahmen
Übungen	jede 3. TE für 4 Wo bei 10 TE / Wo	Rückmeldungen durch Trai-ner und Schwimmer
Test 2 (Nov. 2012) 2 Kippwenden und 2 Unterwasserwenden	Jeder versucht die bestmögliche Imitation	Videoaufnahmen
Übungen	jede 3. TE für 4 Wo bei 10 TE / Wo	Rückmeldungen durch Trai-ner und Schwimmer
Test 3 (Dez. 2012) 2 Kippwenden und 2 Unterwasserwenden	Jeder versucht die bestmögliche Imitation	Videoaufnahmen
Übungen	jede TE für 1 Wo bei 5 TE / Wo	Rückmeldungen durch Trai-ner und Schwimmer
Überprüfung im Wettkampf (Posttest)	Bestmögliche Imitation unter Wettkampfbedingungen	Videoaufnahmen

5 Ergebnisdarstellung – Highlights

Mithilfe der funktionalen Bewegungsbeschreibung nach Göhner war es möglich, eine Bewegungsanalyse der Unterwasserwende für die Schwimmarten Brust und

Schmetterling vorzunehmen und sie im weiteren Verlauf, in Anlehnung an die Kipp-wende, in vier wesentliche Aktionen zu unterteilen, sodass daraus die grundlegende Phaseneinteilung der Unterwasserwende resultierte:

> Anschwimmen und Adaptation
> Drehung unter Wasser
> Abstoß mit Übergang
> Abschwimmen

Sowohl die Aktionsskizze mit den dazugehörigen Knotenpunkten als auch die detail-lierten Verlaufsbeschreibungen der einzelnen Phasen sowie ihrer immanenten funk-tionalen Belegungen mit aussagekräftigen Reihenbildern komplettieren das erste an-gestrebte Teilergebnis dieser Untersuchungen. Damit wurde die Basis geschaffen, einen ersten funktionalen Lehrweg der Unterwasserwende zu erstellen. Um konkrete zielgerichtete und Erfolg versprechende Übungen für die einzelnen Phasen anbieten zu können, wurde o. g. Phaseneinteilung zu Haupt- und Hilfsfunktionsphasen der Bewegung zugeordnet, die in Abbildung 2 dargestellt ist.

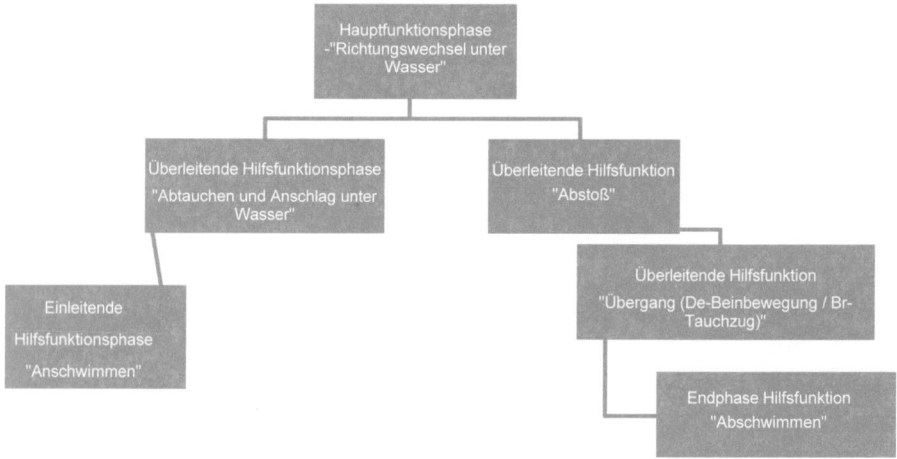

Abb. 2: Funktionsphasenanalyse der Unterwasserwende

Hiermit war es nunmehr möglich für jede der Haupt- und Hilfsfunktionsphasen Auf-gaben- und Trainingsangebote zu unterbreiten, welche in Form eines Übungskatalo-ges vorliegt.

5.1 Testergebnisse Unterwasserwende

Um die Kippwende (O) mit der Unterwasserwende (A) vergleichen zu können, wurden die Mittelwerte der Teilzeiten in einer Differenzrechnung t_O - t_A gegenübergestellt. Damit bedeutet ein negativer Ergebniswert einen kürzeren Ablauf der Kippwende (O) gegenüber der Unterwasserwende.

Grundsätzlich zeigen die Untersuchungsergebnisse (Test 1 bis 3) für die Teilzeiten t_{30m}, t_{15m} und t_{ein} deutliche negative Werte, was bedeutet, dass diese Teilzeiten in beiden Schwimmarten (Brust, Schmetterling) für die Kippwende (O) kürzer waren. Dies gilt gleichermaßen für weibliche und männliche Sportler, sodass hierfür keine geschlechtsspezifischen Unterschiede feststellbar waren. Zusätzlich weist bei den weiblichen Probanden die Teilzeit t_{aus} für die Schmetterlingswende ebenfalls einen deutlichen negativen Wert aus.

Tab. 3: Brustwende – männlich: Differenzwerte (O-A)

Br (m)	t_{30m} [s]	t_{15m} [s]	t_{ein} [s]	t_{aus} [s]	t_{AN} [s]	t_{AD} [s]	t_D [s]	$t_ü$ [s]
Test 1	-0,83	-0,35	-0,66	-0,04	-0,17	-0,12	-0,13	0,07
Test 2	-0,33	-0,25	-0,32	0,12	-0,08	-0,11	-0,13	0,07
Test 3	-0,43	-0,34	-0,37	0,02	0,00	-0,26	-0,08	0,05

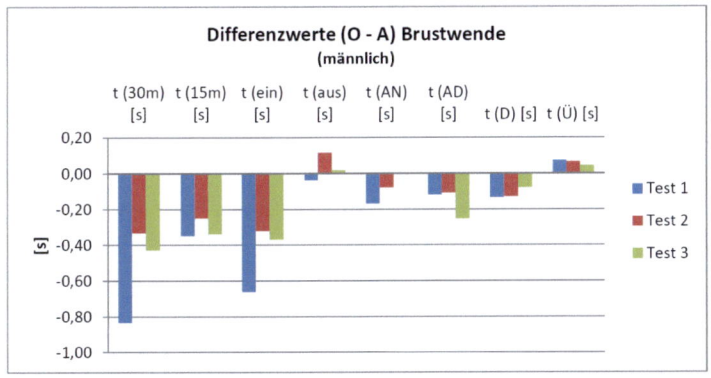

Abb. 3: Brustwende – männlich: Differenzwerte (O-A)

Bei der Brustwende der männlichen Probanden verringern sich die Differenzwerte für die Teilzeiten t_{30m} und t_{ein} von Test 1 nach Test 3, bei nahezu gleich bleibenden Differenzwerten für die Teilzeiten t_{15m}, t_{aus}, t_{AN}, t_D, $t_ü$.

Exemplarisch werden nachfolgend auch für die untersuchten weiblichen Athleten die Vergleichswerte der Schmetterlingswende dargestellt, woraus deutlich negative Differenzwerte und damit kürzere Ausführungen der Teilzeiten t_{30m}, t_{15m}, t_{ein} und t_{aus} für die Kippwende hervorgehen.

Tab. 4: Schmetterlingswende – weiblich: Differenzwerte (O-A)

S (w)	t_{30m} [s]	t_{15m} [s]	t_{ein} [s]	t_{aus} [s]	t_{AN} [s]	t_{AD} [s]	t_D [s]	$t_Ü$ [s]
Test 1	-0,64	-0,48	-0,32	-0,22	-0,12	-0,15	-0,10	-0,13
Test 2	-0,51	-0,37	-0,31	-0,12	-0,08	-0,14	-0,08	-0,07
Test 3	-0,56	-0,25	-0,23	-0,31	-0,11	-0,11	-0,03	-0,01

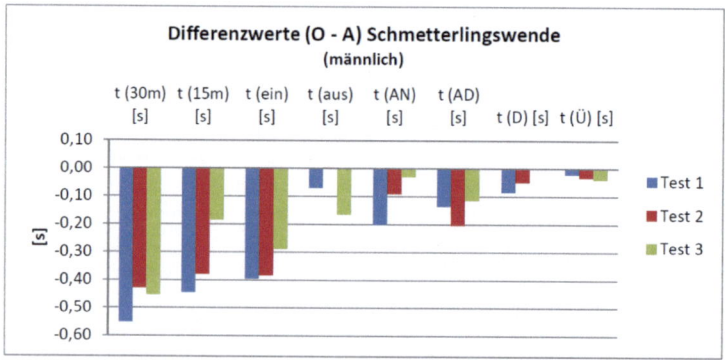

Abb. 4: Schmetterlingswende – weiblich: Differenzwerte (O-A)

Auffällig hierbei sind die sich von Test 1 nach Test 3 reduzierenden Teilzeiten t_{30m}, t_{15m}, t_{ein} und t_{aus}. In der geschlechtsunspezifischen Gesamtbetrachtung beider Schwimmarten (Brust, Schmetterling) lässt sich zusammenfassend festhalten, dass die größten negativen Differenzwerte die Teilzeiten t_{30m}, t_{15m} und t_{ein} aufweisen und damit die kürzeren Teilzeiten der Kippwende kennzeichnen. Unter gleich bleibenden Betrachtungskriterien sind für die relativ gleich bleibenden negativen Differenzwerte der Teilzeiten t_{AN}, t_{AD}, t_D und $t_Ü$ keine merkbar kürzeren Teilzeiten für die Kippwende zu verzeichnen. Der negative Differenzwert der Teilzeit t_{aus} der Schmetterlingswende, sowohl bei den Frauen als auch den Männern, verkürzt sich von Test 2 zu Test 3 und bestimmt dadurch die kürzere Teilzeit der Kippwende.

Nicht weniger interessant, insbesondere für Skeptiker der Unterwasserwende, ist die Betrachtung der Differenzen für die Teilzeit t_{SUB}, der Zeit ohne Einatmung. Dabei sind erwartungsgemäß bei Frauen und Männern in beiden Schwimmarten die Differenzen negativ und somit die Zeiten ohne Einatmung länger bei der Unterwasserwende. Jedoch zeigen diese Werte auch bemerkenswertes. Bei Frauen und Männern ist bei beiden Schwimmarten dieser Differenzwert erkennbar und deutlich kleiner, während dieser bei Test 2 und 3 wesentlich anstieg und größer wurde, was stark vermuten lässt, dass die Athleten sich an einen längeren Zeitraum ohne Atmung in den Wendeabschnitten gewöhnen und diesen somit ausdehnen.

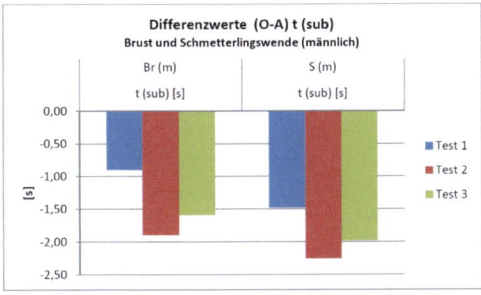

Abb. 5: Differenzwerte (tsub) - (O-A) Brust- und Schmetterlingswende – männlich

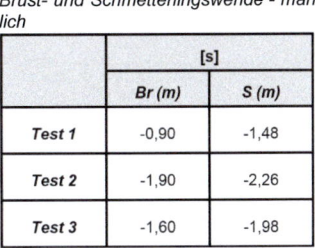

Tab. 5: Differenzwerte (tsub) - (O-A) Brust- und Schmetterlingswende - männlich

	[s]	
	Br (m)	S (m)
Test 1	-0,90	-1,48
Test 2	-1,90	-2,26
Test 3	-1,60	-1,98

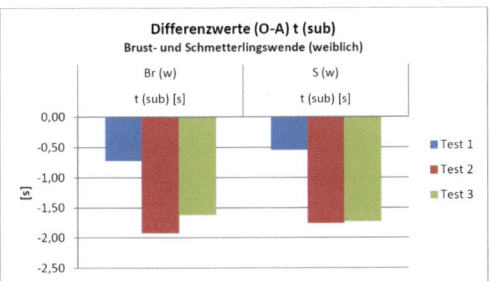

Abb. 6: Differenzwerte (tsub) - (O-A) Brust- und Schmetterlingswende – weiblich

Tab. 6: Differenzwerte (tsub) - (O-A) Brust- und Schmetterlingswende - weiblich

	[s]	
	Br (w)	S (w)
Test 1	-0,73	-0,55
Test 2	-1,92	-1,76
Test 3	-1,62	-1,72

6 Diskussion und Praxisbezug für den Trainer

Durch die tatsächlich hilfreiche funktionale Bewegungsbeschreibung nach Göhner konnten sowohl eine erste Beschreibung als auch eine Erstellung eines funktionalen Lehrweges der Unterwasserwende erfolgreich abgeschlossen werden, sodass die Schwimmer sehr schnell bei gestellten Aufgabenstellungen zu Bewegungslösungen gefunden haben. Mit Erhebung erster biomechanischer Untersuchungen konnte aufgezeigt werden, dass nach einem 10-wöchigen Übungszeitraum die Unterwasserwende der Verbesserung der Wettkampfzeiten nicht entgegensteht. Maßgeblich kann hierbei eine bewusste und individuelle Auseinandersetzung mit den Aufgabenstellungen zur Unterwasserwende angeführt werden, die die Bewegungskompetenz „Wende" nachhaltig verbessert hat. Dabei haben, u. a. durch einen positiven Effekt auf die Bewegungsgüte, die ermittelten Teilzeiten (t_{30m}) eine Verbesserung des Wendeabschnittes für beide Wendenformen herausgestellt. Aufgrund einer relativ geringen Probandenanzahl wurde auf weiterführende statistische Erhebungen verzichtet, da für ausgewählte Paarvergleiche keine Normalverteilung zu erwarten wäre. Dies sollte Inhalt zukünftiger Untersuchen sein, die dabei auch auf eine getrennte Prüfung der Wettkampf-Teilzeiten und -Endzeiten eingehen, und somit eine mögliche Korrelation von Wendezeiten und Wettkampfzeiten bestätigen. Hierbei sei ausdrücklich darauf verwiesen, dass eine derartige Prüfung nicht einer Entscheidung über Vor- und Nachteile einer Apnoe-Wende dienen kann, da diese neue Wendeform über einen zu kurzen Zeitraum geübt wurde, um zu einer solchen abschließenden Entscheidung gelangen zu können.

Die negativen Differenzwerte der Teilzeiten für die Richtungsänderung sagen zwar aus, dass diese für die Kippwende kürzer ausgeführt wurden, jedoch sind diese Differenzen kleiner als 0,1 s und stellen, nach vergleichsweise kurzem Übungszeitraum, keinen merklichen Unterschied dar. Darüber hinaus können solche minimalen Differenzen als weiterer Hinweis dafür gesehen werden, dass großräumige Aktionen unter Wasser, wie der Richtungswechsel, keine größeren Bremswirkungen verursachen.

Die Betrachtung der negativen Differenzwerte der Teilzeiten für die Unterwasserzeit (t_{sub}), die im Mittel annährend - 2 s betragen, lassen auf keinen negativen Einfluss auf die Stoffwechsellage des Organismus schließen, da die Wettkampfzeiten mit der Unterwasserwende keine negativen Leistungsentwicklungen erkennen lassen. Hier kann vermutet werden, dass häufige Wiederholungen der längeren Unterwasserzeiten eine positive Beeinflussung des Sauerstoffumsatzes im Sinne der verbesserten Transportsituation bzw. einer höheren Ausschöpfung zur Folge haben.

Zusammenfassend bleibt festzuhalten, dass die Koordination (Adaptation) bei der Unterwasserwende besonders gefordert ist und daher möglichst langfristig trainiert werden muss. Dennoch waren sieben der 25 Probanden, das entspricht 28 %, bei allen Versuchen der Unterwasserwende in der Lage, diese schneller oder nahezu gleichschnell gegenüber der Kippwende durchzuführen. Allein dies sollte ausreichend Beweggrund sein in allen zukünftigen Trainingsgruppen die Unterwasserwendenvariation über eine mindestens 10-wöchige Trainingsphase mit abschließendem Wettkampftest anzubieten, da kein Trainer die „Vorlieben" der Wendenausführungen seiner Schwimmer vorhersagen kann.

7   Literatur

Göhner, U. (1979). *Bewegungsanalyse im Sport. Ein Bezugssystem zur Analyse sportlicher Bewegungen unter pädagogischen Aspekten.* Schorndorf Verlag.

Graumnitz, J. & Küchler, J. (2009). *Ergebnisse aus einer Analyse der Schwimmwettbewerbe bei den Olympischen Spielen in Peking 2008 und zur Entwicklung der Wettkampfleistungen im Schwimmen.* Bd. 30.

Lyttle, A., Elliott, B., Banksby, B., Lloyd, D (1999). *An Instrument for qualifiying the hydrodynamic drag of swimmers – a technical note.* Journal of human Movement Studies 37.

Recht, M. (2004). *Analyse und Ansteuerung leistungsrelevanter Parameter der Kraulrollwende.* Verlag Sport und Buch Strauß, Bundesinstitut für Sportwissenschaften, Bd. 8.

Schröder, B. (2008). *Über die Schwänzelbewegung unter Wasser nach Starts und Wende.* Studienarbeit Trainerakademie Köln des DOSB

Spieß, C. (1999). *Kardiopulmonale und metabolische Beanspruchung beim Synchronschwimmen.* Dissertation TU München, Fak. Medizin.

Entwicklung einer methodischen Reihe zur Verbesserung der Technik des Eckenschlenzens im Feldhockey

Stephan Haumann

1 Problemstellung

Hockey ist eine der schnellsten Ballsportarten der Welt und zudem eine der erfolgreichsten Mannschaftssportarten in Deutschland, trotz – oder vielleicht auch gerade wegen – der Einzigartigkeit der Regeln. Diese Regeln machen die Sportart komplex und für den Zuschauer zunächst schwer verständlich. Ein Beispiel hierfür ist die Strafecke. Gleichzeitig ist sie aber der Inbegriff der sportlichen Herausforderung. Das klassische Eckenduell ist im Hockey das Duell zwischen Torhüter und Eckenschütze. Dieses Duell lässt sogar viele Parallelen zur Literatur zu, denn auch hier ist das Duell ein klassisches Motiv, das wie kein Zweites Attribute wie Gut, Böse, Mut, Technik, Kraft und Perfektion vereint. Im Laufe der Jahre haben sich viele Regeln im Hockey geändert. Alle diese Regeländerungen haben das Hockeyspiel in erheblichem Maße beeinflusst.

Weitestgehend unberührt von Regeländerungen blieb die Standardsituation der Strafecke. Die entscheidende Regeländerung hier wurde 1987 eingeführt: Fortan durfte nicht mehr hoch auf das Tor geschlagen werden – lediglich das hohe Schlenzen auf das Tor war noch erlaubt. Dies führte zu einer Ausbildung von Spezialistinnen und Spezialisten.

Was sich allerdings in erheblichem Maße geändert hat, ist die Technik. Wurde 1972 bei den Olympischen Spielen in München das Ecken-Siegtor für Deutschland im Finale gegen Pakistan noch von Michael Krause geschlagen, so sind es heute die Eckenschlenzer, die am meisten Aussicht auf ein Tor versprechen.

In der vorliegenden Studienarbeit soll versucht werden, die einzelnen Phasen des Bewegungsablaufes des Eckenschlenzers aufzugliedern und so die Technik in sinnvolle Segmente zu unterteilen, um dann eine methodische Reihe zum Techniktraining des Eckenschlenzens zu entwickeln.

2 Theoretische Trainingsmethoden

Es gibt zahlreiche Trainingsmethoden zum Erlernen des Eckenschlenzers. Eine Schlüsselqualität eines guten Trainers ist, die richtige Mischung der verschiedenen Methoden zu finden und dabei auf eine sowohl intuitive als auch falsifizierbare Auswahl von Methoden zurückzugreifen. Mit anderen Worten: Neben aller Wissenschaft scheinen auch Erfahrung und Empathie eine nicht unerhebliche Rolle im Trainingsprozess zu spielen. Dabei erscheint vor allem wichtig, dass körperliche Grundvoraussetzungen des Athleten zugrunde gelegt werden müssen. Eine biomechanisch optimale Technik ist für so manchen Übenden suboptimal. Kennt der Trainer jedoch auch andere Herangehensweisen, kann die für den Probanden beste und zielführendste ausgewählt werden.

3 Entwicklung einer Trainingsmethodik

Im Folgenden soll ein Modell entwickelt und beschrieben werden, das es ermöglicht, die komplexe Technik des Eckenschlenzens in sinnvolle Segmente zu unterteilen und später diese einzelnen Segmente isoliert zu trainieren:

- Phase 1 – der Anlauf ohne Ball,
- Phase 2 – das Überlaufen,
- Phase 3 – die Ballbeschleunigung,
- Phase 4 – das Katapult.

Wir haben uns ganz bewusst für vier Phasen entschieden, obwohl in der Literatur zumeist von drei Phasen die Rede ist (Rabe et al., 2004, S. 105 - 106). Alleinstellend betrachtet werden soll die vierte Phase – das Katapult. Hiermit ist die letzte Phase der Ballbeschleunigung im Schlägerschaft gemeint, die so komplex erscheint, dass eine Alleinstellung für sinnvoll angesehen wird. Gleichzeitig soll erwähnt sein, dass die Phasen teilweise im zeitlichen Ablauf ineinander greifen.

Phase 1 – der Anlauf ohne Ball
Der Anlauf ohne Ball ist kurz und nahezu zyklisch und sollte nicht zu lang sein. Gestartet wird auf dem Vorfuß. Der Schläger wird mit der linken Hand am oberen Ende und mit der rechten Hand etwas oberhalb des Griffbandendes gehalten, um die Hebelwirkung zu verstärken. Die Keule und das Handgelenk der rechten Hand sind leicht proniert. Das Hauptmerkmal der Anlaufphase ist die 90°-Drehung der Körperlängsachse, um von einem geraden Anlauf in die Ballmitnahme bzw. zum Überlaufen des Balls zu gelangen. Die Drehung der Körperachse wird durch das Aufsetzen des rechten Fußes hinter dem Ball bereits eingeleitet und mit dem Aufsetzen des linken Fußes abgeschlossen, wodurch die Schulterachse in Schlenzrichtung gebracht wird. Der linke Fuß soll in etwa auf Ballhöhe aufgesetzt werden, wobei das genaue Aufsetzen des Fußes individuell angepasst werden soll und stark von der Ausführung der nächsten Phasen abhängig ist. Wichtig ist ebenfalls der Abstand des Fußes zum Ball. Dieser sollte etwa eine Handbreite betragen, um im weiteren Verlauf einen optimalen Körperschwerpunkt generieren zu können. Gleichzeitig wird der Schläger fast senkrecht hinter dem Ball positioniert, ohne ihn mitzunehmen. Die linke Hand hat dabei schon Kontakt zum rechten Unterarm, um später eine optimale kinetische Kette ausführen zu können.

Phase 2 – das Überlaufen
Das Überlaufen ist die zweite Phase und kann gleichzeitig als zweiter, azyklischer Teil der Anlaufphase gesehen werden, in der es auf die Schrittreihenfolge und den

Rhythmus ankommt. Gleichzeitig wird der Schläger hinter dem Ball aufgestellt gehalten, wobei die linke Hand weiterhin Kontakt zum rechten Unterarm hält, um eine maximale Vorspannung für die nächste Phase vorzubereiten. Eingeleitet wird die zweite Phase durch das Ende der ersten Phase, also durch das Aufsetzen des linken Fußes etwa auf Ballhöhe. Während nun der linke Fuß flach abspringt, wird der rechte Fuß hinter dem linken Fuß hinterkreuzt, wobei es einen kurzen Moment gibt, in dem der Schütze keinen Bodenkontakt hat. Trotzdem sollte der Absprung flach bleiben, um den Ballkontakt und damit die Kontrolle über den Ball nicht zu verlieren. In dieser zweiten Phase bleibt der Körper lange aufrecht, um eine optimale Vorspannung zwischen Schläger, Körper und Ball zu erzeugen. Die zweite Phase endet mit einem raumgreifenden Stemmschritt des linken Fußes. Um später isoliert trainieren zu können, soll die bereits hier einsetzende Aufnahme des Balls nicht mehr zur Phase 2 zählen. Insofern greifen die Phasen 2 und 3 ineinander. Subijana et al. beschreiben beispielhaft die Winkelparameter zwischen Fußstellung, Hüfte, Oberkörper bzw. Schulter und Schläger für den Moment, in dem beide Füße vor Abdruck des Balls den Boden berühren. Dabei zeigen sowohl der linke Fuß als auch die Linie zwischen dem rechten und linken Fuß in Schlenzrichtung (vgl. Subijana et al., 2010, S. 74).

Phase 3 – die Ballbeschleunigung

Die Phase der Ballbeschleunigung ist geprägt von einem komplexen Zusammenspiel von Hüft- und Schulterrotation und betrachtet ganz bewusst nur eingeschränkt den Weg des Balls im Schläger, was in einer vierten und letzten Phase Gegenstand der Betrachtung sein soll. Die dritte Phase startet, während Phase 2 noch nicht beendet ist. Der Ball wird mit dem Körper überholt, denn der Ball wird mit Aufsetzen des rechten Fußes aufgenommen. Das Körpergewicht verlagert sich weiter auf den linken Fuß. Nun wird mit Einsetzen der Hüftrotation erst die linke Hand aktiv nach vorne bewegt und dann der Oberkörper sowie der Körperschwerpunkt abgesenkt, wodurch der Ball noch keine große Beschleunigung erfährt. Erst durch das aktive Nachdrücken der rechten Hand wird auch die Schlägerkeule explosiv beschleunigt. Der Oberkörper senkt sich dabei weiter ab, bis beide Hände fast den Boden berühren, wobei die Arme bis zu diesem Moment eng am Körper bleiben. Das Anziehen der Arme ist wichtig, da das Trägheitsmoment verringert werden und dennoch das Drehmoment erhalten bleiben soll. Dadurch ist es möglich, die Rotation schneller ausführen zu können. Nun wird der letzte Abdruck des rechten Fußes weiter genutzt, um das Körpergewicht komplett auf den linken Fuß zu übertragen und die Hüft- und Schulterrotation zu initiieren. Oberkörper und Schulter drehen dabei so weit, bis die Schulter parallel zur Grundlinie ausgerichtet ist. Die Schlägerkeule beschreibt bis zum Abdruck des Balls eine Linie zum Zielpunkt. Die Arme werden zudem vollständig gestreckt. Auch dies ist wichtig, da die Geschwindigkeit des Balls den Hebelgesetzen unterliegt und die Bahngeschwindigkeit (also die Geschwindigkeit des Balls während der Rotationsbewegung) abhängig ist vom Abstand zum Angelpunkt (also der Rotationsachse) und der Winkelgeschwindigkeit (also der Geschwindigkeit der Schlägerbewegung). Das heißt: Je weiter die Arme gestreckt werden, desto schneller wird der Ball beschleunigt. Es folgt der nicht unwichtige Teil des Ausschwungs, wobei der

Schläger auf der linken Körperseite abgefangen wird und gleichzeitig der rechte Fuß nachgezogen wird, um das Körpergewicht abzufangen. Es ist zu berücksichtigen, dass der Schütze nach dem Eckenschlenzer wieder schnell handlungsfähig werden muss, um ggf. bei einem *Rebound* agieren zu können. Es sei darauf hingewiesen, dass aktuelle Forschungsergebnisse den Schluss zulassen, dass sowohl die tiefe Position des Oberkörpers als auch die Länge des Ausfallschrittes entscheidend für eine Maximierung der Ballabfluggeschwindigkeit sind (vgl. López de Subijana et al., 2011, S. 592 - 594). Auch diese Erkenntnis soll in die sich anschließende Übungsreihe mit einbezogen werden.

Phase 4 – das Katapult
Der Begriff Katapult wurde gewählt, da in der Endphase des Eckenschlenzens der Abschluss der kinetischen Kette durch eine herausschleudernde Bewegung des Schlägers erreicht werden sollte, mit der der Ball nach vorne katapultiert wird. Diese Katapultbewegung ist ein Hauptausschlag für die Ballabfluggeschwindigkeit, die schlussendlich darüber entscheidet, ob der Torschuss erfolgreich wird oder nicht. Das Katapult startet in dem Moment, in dem der Ball zunächst in den Schlägerschaft Richtung Schlägermitte hineingezogen wird, der Schütze also durch den Ball hindurchsticht. Dieser Auftakt ist wichtig für die spätere Beschleunigung und die kinetische Kette. Mit Abheben des rechten Fußes ist auch kein Vortrieb mehr gegeben und die kinetische Kette muss bereits vorher durch das Einsetzen der Hüft- und Schulterrotation sowie durch das Vorbringen der linken Hand fortgesetzt werden (vgl. Phase 3). Die Wellenbewegung des Schlägers wird fortgesetzt, wodurch mit dem Nachziehen der rechten Hand, und damit der Keule, der Ball wieder am Schlägerschaft zurückrollt und der Ball seine größte Beschleunigung erfährt. Kurz vor Verlassen der Keule wird diese noch proniert und das Handgelenk wird aktiv flexiert, wodurch der Ball seinen letzten Schub erhält. Es sei auch an dieser Stelle explizit erwähnt, dass einzelne Teilbewegungen sowohl der Phase 3, der Ballbeschleunigung, als auch der Phase 4, dem Katapult, zuzuordnen sind (u. a. das Durchstechen des Balls). Diese Teilbewegungen sollen auch in beiden Bewegungsbeschreibungen Erwähnung finden. Für eine optimale Kraftübertragung und damit eine Verbesserung der Ballabfluggeschwindigkeit ist eine Einhaltung der Chronologie im Bewegungsablauf sehr wichtig, um die kinetische Kette optimal auszunutzen.

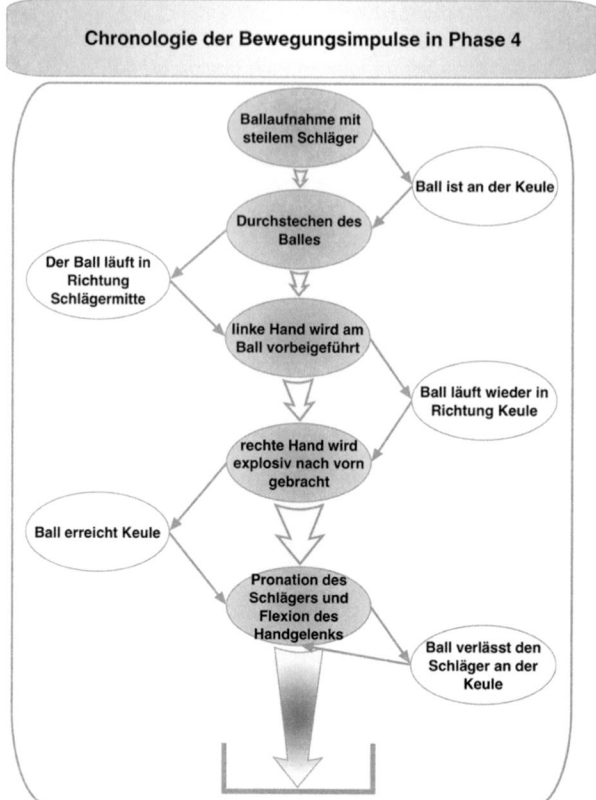

Abb. 1: Schematische Darstellung der Chronologie der Bewegungsimpulse in Phase 4.

4   Entwicklung eines Trainingsgerätes

Im Zuge der Entwicklung des 4-Phasen-Models und der neuentwickelten *Katapult-phase* wurde gleichzeitig die Frage der Trainierbarkeit dieser Phase aufgeworfen. Da es sich um eine sehr komplexe Phase handelt, die sich vom chronologischen Ablauf her parallel zu Phase 3 abspielt, sollte ein Trainingsgerät entwickelt werden, welches die Hauptmerkmale der beschriebenen Technik innerhalb dieser Phase trainieren kann. Gleichzeitig sollte die Umsetzung in einem realistischen Kosten-/Nutzenverhältnis stehen.

Das Trainingsgerät sollte also nach Möglichkeit einem Schläger ähneln, allerdings gleichzeitig dem Anspruch Rechnung tragen, bei der Bewegungsausführung nicht auf die vorherigen Phasen aufbauen zu müssen. Es müsste ermöglichen, sich ganz

auf den Ballweg am Schläger zu konzentrieren, ohne dabei viele andere Voraussetzungen wie z. B. eine tiefe Körperposition zu erfüllen. Dies war nur möglich, wenn
der Ball innerhalb des Trainingsgerätes zwar geführt, jedoch gleichzeitig auch frei für
einen Ballabdruck bzw. Torschuss sein würde. Innerhalb dieses Prozesses keimte
die Idee von einer *Rinne* auf, die verwendet werden könnte.

Abb. 2: Trainingsgerät Phase 4: Schlenzkatapultrinne

Schließlich wurde ein Prototyp angefertigt (vgl. Abb. 2). Die *Schlenzkatapultrinne* besteht aus einer Dachrinne, die genau auf die Maße eines Schlägers, nämlich 36,5
Zoll, zugeschnitten wurde. Die neongelben Tapestreifen markieren zur Orientierung
den Anfang und das Ende des Griffbandes an einem normalen Schläger. Durch star-
kes Tape wurde das Griffende zusammengebunden und dadurch verschmälert. Es
wurde mit Beginn des fiktiven Griffbandes eine Ballsperre eingezogen, damit der Ball
nicht in der sich verjüngenden Rinne stecken bleibt. Zusätzlich wurden alle scharfen
Kanten mit Tape abgeklebt, um Verletzungen zu vermeiden. In der Trainingspraxis
kann nun das Herauskatapultieren des Balls isoliert trainiert werden, ohne dabei auf
die Bewegungsabläufe der anderen Phasen achten zu müssen, da der Ball in der
Rinne geführt wird. Gleichzeitig ist der Ball aber so frei, dass er an jedem Punkt der
Rinne herauskatapultiert werden kann.

4   Übung

Beispielübung zur Phase 1:
Ziel: Das Ziel der Übung ist das Training des Wechsels von einem zyklischen Anlauf
in eine azyklische Schrittfolge in Zusammenhang mit einer technik-spezifischen Kör-
perrotation. Als visuelle und taktile Hilfe und als direkte Feedbackmöglichkeit dient
eine Koordinationsleiter.
Material: Koordinationsleiter, mit Wasser gefüllter Luftballon, ggf. Tape zum
Fixieren.
Ablauf: In der Startposition sind beide Füßen vor oder im ersten Zwischenraum der
Koordinationsleiter. Gestartet wird mit dem linken Fuß in den nächsten Zwischenraum, gefolgt vom rechten Fuß und linken Fuß jeweils in den nächsten freien Zwischenraum. Das Aufsetzen des vierten Schritts mit dem rechten Fuß erfolgt nun

schon um ca. 45° gedreht, worauf der fünfte Schritt mit dem linken Fuß bereits um 90° gedreht ist. Der Kontakt mit dem linken Fuß ist kurz, da nun abgesprungen werden soll, um mit beiden Füßen gleichzeitig im nächsten freien Zwischenraum zu landen.

Variationen: Als Variation kann auf ein visuelles Signal gestartet werden, um bereits die zielgerichtete Wahrnehmung auf einen Rausgeber zu schärfen.

Der Anlauf ist am Beginn bewusst etwas länger gewählt, als er ggf. in der Realität eingesetzt wird und kann sowohl verkürzt als auch verlängert werden, um im Sinne des *Variationstrainings* einen zusätzlichen Reiz zu schaffen.

Um die Schrittfolge weiter zu festigen, kann auf Höhe des fünften Schritts (linker Fuß) ein kleiner, mit Wasser gefüllter Luftballon gelegt bzw. befestig werden.

Sobald sich eine erste Sicherheit in der Schrittfolge einstellt, kann auch schon ein Schläger während der Übungen mit in die Hand genommen werden.

Abb. 3: Ablauf

Abb. 4: Grundschema

5   Resümee

Die Ecke im Feldhockey ist absolutes Alleinstellungsmerkmal auch im Bezug auf verwandte Sportarten. Der Eckenschlenzer ist, wie eingangs erwähnt, die international erfolgreichste Methode, bei einer Ecke ein Tor zu erzielen. Gleichzeitig ist der Eckenschlenzer einer der komplexesten Techniken im Hockey überhaupt. Um diese komplexe Technik adäquat trainieren zu können, ist ein großer Zeitaufwand erforderlich, der für einen Eckenschützen als zusätzliche Belastung zum Trainingsplan hinzukommt. Gleichzeitig ist festzustellen, dass es dem deutschen Damenhockey massiv an Eckenschlenzern mangelt. Umso wichtiger ist es also, dass die knappe Zeit auch effektiv genutzt wird. Die vorliegenden Ausführungen sollen daher durch die Isolationsmöglichkeiten der Phasen dazu beitragen, die Effektivität des Eckenschlenztrainings zu erhöhen.

Literatur

López de Subijana, C., Juárez, D., Mallo, J. & Navarro, E. (2010). *Biomechanical analysis of the penalty-corner drag-flick of elite male and female hockey players.* Sports Biomechanics, 9 (2), 72-78.

López de Subijana, C., Juárez, D., Mallo, J. & Navarro, E. (2011). *The application of biomechanics to penalty corner drag-flick training: a case study.* Journal of Sports Science and Medicine. 2011 (10), 590-595.

Rabe, J., Eckhardt, T., Ellenbeck, H., Felheim, M. & Mechthold, M. (2004). *Optimales Hockeytraining. Praktische Tipps und theoretische Grundlagen.* München: Rabe, Mechtold, Eckhardt, Ellenbeck, Felheim.

Die Wirkungsweise des Lombardschen Paradoxons und seine Bedeutung für die leichtathletischen Wurfdisziplinen

Lutz Klemm

1 Einleitung

Neben der Lösung vielfältiger Aufgaben im Bewegungsalltag steht das *Lombardsche Paradoxon* überall dort im Mittelpunkt, wo schnell gelaufen oder gesprintet wird, also eine schnellstmögliche Fortbewegung von A nach B gefordert ist. Dies ist nicht nur im leichtathletischen Sprint, sondern auch in vielen anderen Sportarten (z. B. Ballsportarten) einer der Hauptinhalte des Wettkampfsports. Auch in den leichtathletischen Wurfdisziplinen ist die Grundbewegung des Athleten die Fortbewegung von A nach B, allerdings innerhalb geregelter Grenzen (z. B. Wurfring), um im Anschluss das Wurfgerät möglichst weit zu werfen.

Damit hat der Vortrieb des Körperschwerpunktes als grundlegende Voraussetzung für die sportliche Leistung in den Wurfdisziplinen eine ähnlich hohe Bedeutung wie in den Sprintdisziplinen. Wiemann (1991, 1994, 1995) hob in seinen Arbeiten die Bedeutung der ischiocruralen Muskulatur für die Vortriebsleistung beim Sprint hervor, indem er folgerte, „dass bei der Stützphase des Laufes die ischiocrurale Muskulatur diejenige Hüftstreckmuskulatur darstellt, die vorwiegend die Horizontalbeschleunigung beim Lauf erzeugt" (vgl. Wiemann, 1995).

Anfang des 20. Jahrhunderts (1903) beschrieb der französische Arzt LOMBARD erstmals, dass zweigelenkige Muskulatur, insbesondere die ischiocrurale Muskulatur, nicht nur die klassische Aufgabe der Kniebeugung übernimmt, sondern unter bestimmten Umständen auch zur Kniestreckung beiträgt. Nach der bisherigen Lehre der Muskelfunktionen stellt dieses Phänomen der Funktionsumkehr eine „Paradoxie" dar und ist als *Lombardsches Paradoxon* in die Medizingeschichte eingegangen.

Im Laufe der Jahrzehnte hat dieses Phänomen vor allem für den „runden Tritt" im Radsport und den leichtathletischen Sprintbereich an enormer Bedeutung gewonnen. Erkenntnisse über die Funktions- und Arbeitsweise der ischiocruralen Muskulatur, unter in diesen Sportarten grundlegend gegebenen Arbeitsumständen, fließen in das praktische Training ein. Spezifische Trainingsmittel und spezielle Trainingsübungen und Trainingsgeräte, wie z. B. Smart-Cranks, Power-Cranks im Radsport (vgl. Bauer, 2007) oder Zugentlastungs- und Zugwiderstandssysteme im Sprinttraining, bilden den Hauptarbeitsbereich innerhalb des sportlichen Trainings ab.

Besonders im Radsport, aber auch im leichtathletischen Sprintbereich ist das Paradoxon intensiv erforscht worden – also in den Sportarten bzw. Disziplinen die von ihrer Bewegungsstruktur her für das Entstehen des *Lombardschen Paradoxons* prädestiniert scheinen. Zyklische Lokomotion scheint demnach eine Voraussetzung für das Entstehen des Paradoxons zu sein – zumindest in Bezug auf sportliche Bewegungsabläufe. Aber ebenso wie im zivilen, normalen Bewegungsalltag gibt es auch im Sportalltag azyklische Bewegungen, Einzelaktionen und aus Teilbewegungen zusammengesetzte, „komponierte" oder kombinierte, azyklische Bewegungsabläufe. Da nun das *Lombardsche Paradoxon* bzw. die ischiocrurale Muskulatur in den Sprintdisziplinen eine so große Aufmerksamkeit genießt, stellt sich die Frage, wie es sich damit in den Wurfdisziplinen verhält. Was bedeutet das *Lombardsche Paradoxon* für den Wurfbereich, und müssten sich daraus Folgerungen für das spezifische Training ergeben?

Will man in Erfahrung bringen, was es mit dem *Lombardschen Paradoxon* auf sich hat, so gelangt man schnell an Untersuchungen und Abhandlungen, die dieses Phänomen behandeln. Allerdings beziehen sich diese Materialien – vom medizinischen Reha-Bereich einmal abgesehen – fast durchweg auf den leichtathletischen Sprintbereich oder den Radsport. Einige Arbeiten, die sich darauf beziehen, sind in den Bibliotheken oder im Internet zu finden (vgl. Wiemann 1995; Bauer, 2007; Ertelt, 2008). Untersuchungen zu den sogenannten „kompositorischen" Sportarten oder Disziplinen aber sind entweder noch nicht durchgeführt worden oder nicht frei verfügbar.

Da das Paradoxon aber auch im Bewegungsalltag eine große Rolle bei der Bewältigung allgemeiner Bewegungsaufgaben wie dem Aufstehen aus dem Sitz oder dem Treppensteigen spielt (vgl. Wiemann, 1991), also bei miteinander kombinierten Bewegungen, muss es auch eine Rolle in den Sportarten spielen, die auf kombinierten bzw. kompositorischen Bewegungsaufgaben basieren.

Zu dieser Gruppe sind die leichtathletischen Würfe zu zählen. Untersuchungen oder Abhandlungen, die sich mit der paradoxen Arbeit der ischiocruralen Muskulatur in den Wurfdisziplinen befassen, sind nicht aufgefunden worden. Um einschätzen zu können, ob das Paradoxon einen Einfluss auf die Wurfleistung hat und was dies dann für das Training von Werfern bedeutet, müssen also eigene Untersuchungen angestellt werden. An diesem Punkt setzt diese Studienarbeit an. Sie hat zum Ziel, die Arbeitsweise der ischiocruralen Muskulatur und das Zustandekommen des *Lombardschen Paradoxons* unter den Bedingungen von kombinierten Teilbewegungen, eben den leichtathletischen Wurfdisziplinen, zu untersuchen.

Um eine solche Untersuchung durchführen zu können sind vor allem Probanden nötig, die über ein qualitativ möglichst hohes Niveau in ihrer Sportart bzw. Disziplin in sporttechnischer Hinsicht wie in den Kraftfähigkeiten verfügen. Die Arbeit ist auf den leistungssportlichen Wurfbereich gerichtet, daher sollen die Probanden über ein spezifisches Leistungsniveau verfügen, das dem Spitzenbereich des DLV entspricht.

Um Aussagen darüber treffen zu können, inwiefern das *Lombardsche Paradoxon* in den Würfen auftritt, sind Messungen der Muskelaktivitäten und gleichzeitige Videoaufnahmen notwendig um das tatsächliche Geschehen auch den einzelnen Phasen der Bewegungsabläufe zuordnen zu können.

Das Paradoxon soll in einem ersten Schritt anhand der Literaturrecherche beschrieben und die Funktion der ischiocruralen Muskulatur dargestellt werden, bevor die eigentliche Untersuchung in den Fokus genommen wird.

2 Thesen

Aus den oben genannten Defiziten in der Erforschung der Bedeutung des *Lombardschen Paradoxons* speziell für den Wurfbereich ergibt sich die für diese Arbeit bedeutsamste Fragestellung:

Tritt das Lombardsche Paradoxon während der Hauptphase (Ausstoß- bzw. Abwurfbewegung) in den leichtathletischen Wurfdisziplinen, hier Kugelstoß und Diskuswurf, auf und ist es unmittelbar relevant für die Stoß- bzw. Wurfleistung?

Im Zuge dieser Fragestellung ergeben sich zusätzliche Fragestellungen bzw. Unterpunkte, die vor allem auf das Zustandekommen und Funktionieren des *Lombardschen Paradoxons* in Bezug auf die wurftypische komplexe und kompositorische Bewegungszusammensetzung zielen.

Im Gegensatz zu den lokomotorischen, meist geradlinig gerichteten zyklischen Bewegungsabläufen (z. B. im Sprintlauf) mit ihren immer wiederkehrenden Zyklen und Bewegungsphasen und damit auch der permanenten Aufrechterhaltung bzw. Wiederherstellung der Fixpunkte (Haltepunkte, Führung) als Voraussetzung für die paradoxe Arbeitsweise der ischiocruralen Muskulatur, setzen sich die Wurfbewegungen aus aneinandergereihten Teilbewegungen und Richtungsänderungen zusammen (Rotationen) und weisen innerhalb ihres Ablaufes keine wiederkehrenden, rhythmisierten, zyklischen Bewegungsabfolgen auf (Ausnahme: Anlauf beim Speerwurf, Drehungen beim Hammerwurf). Zudem spielen hohe Bremskräfte der Wurfgegenseite (Stemmbein, Blockverhalten) eine große Rolle bei der Wurfgestaltung, da eine Abwurfflächenbegrenzung (Wurfring, Anlauflänge) nicht überschritten werden darf.

Daraus ergeben sich zusätzliche Fragestellungen, zu denen im Zuge dieser Studienarbeit Aussagen getroffen werden sollen, auch in Bezug auf mögliche Konsequenzen im sportlichen Trainingsalltag:

- Inwiefern bleibt der Fußgelenkwinkel während der Wurfaktion stabil/unveränderlich?
- Inwiefern wird das Hüftgelenk der rechten Wurfseite während der Wurfaktion gestreckt?
- Wie sehr verändert sich der Kniegelenkswinkel des Druckbeines der Wurfseite während der Wurfaktion?

- Wie sieht der Zeitverlauf der Winkelveränderungen von Hüft-, Knie- und Sprunggelenk aus und welcher ändert sich zuerst oder schneller bzw. vorrangig vor den anderen?
- Entsteht das *Lombardsche Paradoxon* auch bei sich veränderndem, nicht oder gering fixiertem Sprunggelenkwinkel?
- Ist es richtig, dass bei fehlendem Bodendruck, also fehlender Führung oder Haltepunkt als Voraussetzung für die paradoxe Arbeitsweise, die Entstehung des *Lombardschen Paradoxons* nicht möglich ist?
- Ist die Tatsache der gegenläufigen Arbeitsweise von Oberkörper und Becken (Verwringung, Trägheit) gewinnbringend für die Entstehung bzw. leistungsfördernd für die Kraftentwicklung bei der kniestreckenden Arbeitsweise der ischiocruralen Muskulatur?
- Gibt es eine veränderte Wirksamkeit des *Lombardschen Paradoxons* bei veränderten Körperpositionierungen (Oberkörper, Körperschwerpunkt, Füße)?
- Ergibt sich aus der zuvor gestellten Fragestellung ein Zusammenhang zwischen dem Technikleitbild der Disziplin, der muskulären Arbeit der ischiocruralen Muskulatur und *Lombardschen Paradoxon?*

Aus dem Literaturstudium heraus kann als Ergebnis zusammengefasst werden, dass die zweigelenkige Muskulatur (hier ischiocrurale Muskulatur und M. gastrocnemius) dann paradox arbeitet bzw. das *Lombardsche Paradoxon* dann auftritt, wenn die dreigliedrige kinematische Kette geschlossen ist, ihre Enden also einer Fixierung oder Führung unterliegen und die Hauptkraftrichtung rückwärts gerichtet ist, um das Ziel eines Vortriebes zu erreichen. Äußere Merkmale dabei sind zum einen die Trägheit des Oberkörpers und zum anderen sich während der Aktion vergrößernde Knie- und Hüftwinkel. Auf die Wurfdisziplinen gerichtet ergeben sich daraus in Bezug zu den Fragestellungen folgende Annahmen:

1. Annahme: Die ischiocrurale Muskulatur arbeitet auch in den Wurfdisziplinen paradox. Das heißt, das *Lombardsche Paradoxon* tritt in den Hauptphasen der untersuchten Wurfdisziplinen auf.

2. Annahme: Der Kniegelenkswinkel des rechten Beines unterliegt in Bezug auf den Hüftgelenkswinkel größeren und schnelleren Veränderungen während der Hauptbeschleunigungsphase, bedingt durch die Trägheit des Oberkörpers.

3. Annahme: Durch die maximale willkürliche Muskelarbeit während der Hauptarbeitsphase entstehen auch die maximalen reflektorischen Muskelaktivitäten (max. EMG-Werte) zwischen dem Setzen des linken Fußes zur Wurf-/Stoßauslage und dem Abwurf bzw. Ausstoß in der Dreh-Streck-Bewegung des rechten Beines.

4. Annahme: Die ischiocrurale Muskulatur kann umso aktiver arbeiten, je genauer sich der Körperschwerpunkt bei Einnehmen der Stoß-/Wurfauslage über der Stützstelle des rechten Fußes befindet. Dies steht in direkter Beziehung zum Technikleitbild im Kugelstoßen und Diskuswurf.

3 Untersuchungsmethode

Diese Untersuchung wird mit vier zufällig ausgewählten langjährig sportlich tätigen Athleten durchgeführt die ausschließlich im Wurfbereich tätig sind und zum Zeitpunkt der Untersuchung alle dem Bundeskader in ihrer Disziplin angehörten. Das Alter der Athleten liegt zwischen 19 und 26 Jahren (vgl. Abb. 1).

Proband	Disziplin	Testversuche
Proband 1	Kugelstoß	3 Normalversuche 3 Fehlerversuche
Proband 2	Kugelstoß	3 Normalversuche 3 Fehlerversuche
Proband 3	Diskuswurf	3 Normalversuche 3 Fehlerversuche
Proband 4	Diskuswurf	3 Normalversuche 3 Fehlerversuche

zu messender Parameter	Messmethodik
Muskuläre Aktivität (EMG)	Klebeelektroden Telemetrische EMG-Anlage von „Noraxon"
Bodenkontaktzeit	Akzelerometer Telemetrische EMG-Anlage von „Noraxon"
Gelenkwinkelstellungen (Fuß, Knie, Hüfte)	Goniometer Telemetrische EMG-Anlage von „Noraxon"

Abb. 1: Überblick über den Testablauf, der zu messenden Parameter und der entsprechender Messmethodik.

Um die zentrale Fragestellung der Untersuchung beantworten zu können, ist es notwendig, die Winkelveränderungen im Hüft-, Knie- und Fußgelenk und die elektrische Aktivität der Muskulatur über Elektromyographie (EMG) während der zu untersuchenden Aktion zu messen. Ausgewählt wurden dazu der M. rectus femoris und der M. vastus medialis, die Kniegelenkstrecker des Beines. Weiter der M. gastrocnemius als Kniegelenkbeuger und Fußstrecker, der M. biceps femoris und der M. semitendinosus als Hüftstrecker und Kniegelenkbeuger. Der M. biceps f. wurde nur am langen Kopf gemessen, da der kurze Kopf durch seinen Ursprung an der Linea aspera des Femurs nur an der Kniebeugung beteiligt ist.
Die Testversuche wurden zeitgleich mit einer Videokamera aufgenommen. Eine visuelle Betrachtung und Bewertung der Würfe/Stöße ist unerlässlich, zum einen um anhand der Bodenkontakte eine genaue Phasenbestimmung durchführen zu kön-

nen, zum anderen um elektrische Aktivität, Gelenkwinkelveränderungen und tatsächliches Geschehen im Sinne einer effektiven oder nicht effektiven Bewegungsaktion miteinander in Beziehung bringen zu können. Das gilt umso mehr für diejenigen Versuche, bei denen die Athleten vorsätzlich Bewegungsvariationen in den Ablauf einbauen sollten, bis hin zu vom Technikleitbild abgeleiteten Fehlerbildern. Die Goniometer wurden mittels doppelseitigem Klebeband an den entsprechenden Gelenken seitlich angebracht (Hüft-, Knie- und Sprunggelenk). Elektroden und Goniometer wurden mit einer telemetrischen Einheit verkabelt, die in Hüfthöhe am Rücken angebracht wurde und die Daten an den Versuchslaptop übermittelte. Die Kabel wurden mittels Klebeband an den Beinen der Probanden fixiert. Analog dazu wurde mit dem Akzelerometer verfahren. Es wurde auf dem oberen Teil der linken Fußspitze angebracht und zusätzlich mit Tape fixiert. Zum Schluss zogen die Probanden eine Netzstrumpfhose an, um die Kabel nochmals am Körper zu fixieren und damit mehr Bewegungsfreiheit zu erlangen. Die Kontraktionsaktivität/Messwerte der Muskulatur wurden über eine Noraxon EMG-Software auf einem Laptop aufgenommen.

4   Untersuchungsergebnisse

Abb. 2 zeigt einen Screenshot von der Durchführung eines Testdurchganges. Das integrierte Video zeigt den Moment Lösen rechts (Pos. 3). Das Fenster mit den Kanälen für die zugewiesenen Muskeln zeigt die EMG-Aufnahmen über den gesamten Wurf. Zu den Momenten des Bodenkontaktes sind in Übereinstimmung mit der Videoaufnahme sogenannte Marker gesetzt und durch senkrechte Linien dargestellt. Diese Marker bezeichnen die Momente der Fußkontakte des Athleten bei Setzen bzw. Lösen der Füße auf den oder vom Boden. Darüber sind die zugehörigen Positionen durch Bildauszüge aus dem Video abgebildet. Anhand dieser Darstellung lassen sich die Phasenreihenfolge ersehen und die Körperpositionen beurteilen.
Unter dem Screenshot sind die Kennzeichnungen für die einzelnen Anzeigen und Kanäle aufgeführt.

Tab. 1: Darstellung der Mittelwerte und Standardabweichungen aller Versuche

		Fuß Differenz	Knie Differenz	Hüfte Differenz	M. gastrocn.	M. biceps f.	M. semitend.
Proband 1	MW	- 45	- 26,66	39,43	582,58	814	1426,95
	Stabw	5,47	4,22	3,83	323,90	359,39	352,81
Proband 2	MW	- 29,66	- 12,83	46	844,7	589,18	817,80
	Stabw	5,75	6,67	11,84	375,14	203,43	168,03
Proband 3	MW	- 62,6	- 19,2	33	756,10	1192,94	708,3
	Stabw	21,61	3,89	3,16	226,32	380,03	221,81
Proband 4	MW	- 16,33	- 20,83	61,33	261,6	339,15	405,58
	Stabw	6,68	3,18	5,20	157,06	148,69	184,80

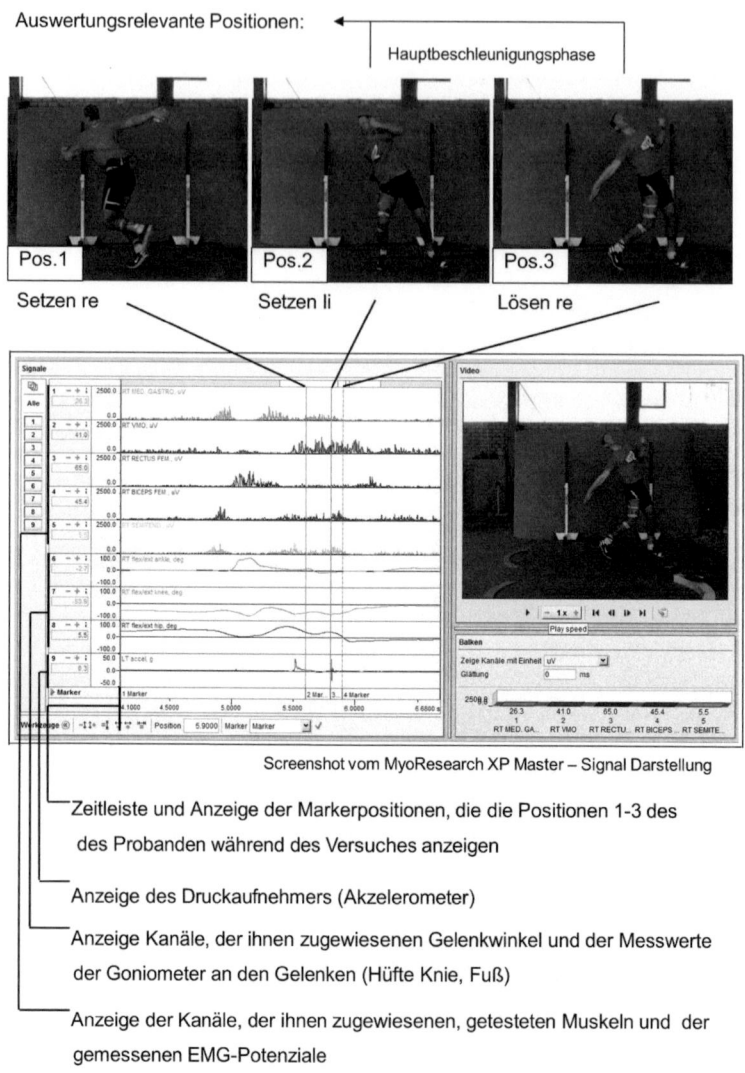

Auswertungsrelevante Positionen: ◄──

Hauptbeschleunigungsphase

Pos.1   Pos.2   Pos.3

Setzen re   Setzen li   Lösen re

Screenshot vom MyoResearch XP Master – Signal Darstellung

Zeitleiste und Anzeige der Markerpositionen, die die Positionen 1-3 des des Probanden während des Versuches anzeigen

Anzeige des Druckaufnehmers (Akzelerometer)

Anzeige Kanäle, der ihnen zugewiesenen Gelenkwinkel und der Messwerte der Goniometer an den Gelenken (Hüfte Knie, Fuß)

Anzeige der Kanäle, der ihnen zugewiesenen, getesteten Muskeln und der gemessenen EMG-Potenziale

Abb. 2: Darstellung der EMG- und Videoaufnahmen (Screenshot), Proband 4, Versuch N 1.

Tab. 1 stellt die Mittelwerte und Standardabweichungen der Differenzen der gemessenen Goniometerwerte dar, errechnet aus den Winkelstellungen in Pos. 2 und Pos. 3. Daneben sind die in der Hauptphase ermittelten EMG-Potenziale der ischiocruralen Muskeln und des M. gastrocnemius aufgeführt bzw. deren Mittelwerte und Standardabweichungen.

Markant sind vor allem die hohen Mittelwerte des M. semitend. bei Proband 1 und des M. biceps f. bei Proband 3. Auffällig ist auch, dass bis auf 2 Ausnahmen die Mittelwerte des Probanden 1 gegenüber dem Probanden 2 und die Werte des Probanden 3 gegenüber dem Probanden 4 durchgängig höher ausfallen, was auf eine generell höhere Leistungsfähigkeit des Probanden 1 bzw. 3 gegenüber dem Probanden 2 bzw. 4 schließen lässt.

5 Auswertung

Aus der Beantwortung der Fragestellungen heraus lassen sich die Annahmen wie folgt konkretisieren:

1. Annahme: Die ischiocrurale Muskulatur arbeitet in den leichtathletischen Würfen paradox im Sinne des Lombardschen Paradoxons sofern die beiden Enden der kinematischen Kette geschlossen sind, also einer Führung oder Fixierung unterliegen. Dies tritt in den Hauptphasen der untersuchten Stöße und Würfe auf.

2. Annahme: Der Kniegelenkswinkel unterliegt nicht größeren oder schnelleren Veränderungen in Bezug zum Hüftgelenkswinkel während der Hauptbeschleunigungsphase. Über die Goniometer sind in allen Testversuchen größere Hüftwinkelveränderungen gemessen worden als in den Kniegelenken. Dies erlaubt Rückschlüsse auf die Geschwindigkeit der Winkelveränderungen. Größere Winkelveränderungen innerhalb einer fest definierten Zeitphase erfordern höhere Winkelgeschwindigkeiten. Durch die Trägheit des Oberkörpers wird die Größe der Hüftgelenkswinkelöffnung positiv beeinflusst. Der Kniegelenkswinkel bleibt relativ gering, da eine größere Kniegelenkstreckung die Bewegungsrichtung aufrichten und damit negativ beeinflussen würde.

3. Annahme: Die maximalen Muskelaktivitäten wurden überwiegend in den Hauptarbeitsphasen zwischen dem Setzen links und dem Ausstoß/Abwurf gemessen. Dabei erfüllen die beiden ischiocruralen Muskeln M. biceps f. und M. semitend. möglicherweise unterschiedliche Aufgaben. Während die maximalen EMG-Werte des M. biceps f. fast durchgehend in der Hauptphase gemessen wurden, ist es auffällig, dass bei den Kugelstoßern das Maximum des M. semitend. bereits bei Setzen rechts, vor der Hauptphase, erzielt wurde. In dieser vorwiegend translatorischen Bewegung Disziplin (Angleittechnik) fungiert der M. semitend. wohl stark als Stabilisator für das Kniegelenk, um den Bremsstoß beim Landen möglichst schnell amortisieren zu können. Die Maxima der muskulären Arbeit entstehen also in Abhängigkeit von Bremskraftstoß und Bewegungsrichtung zwar mehrheitlich in der Hauptphase der Abläufe, aber besonders der M. semitend. erreicht bei Kugelstoßern auch bereits davor sein Maximum.

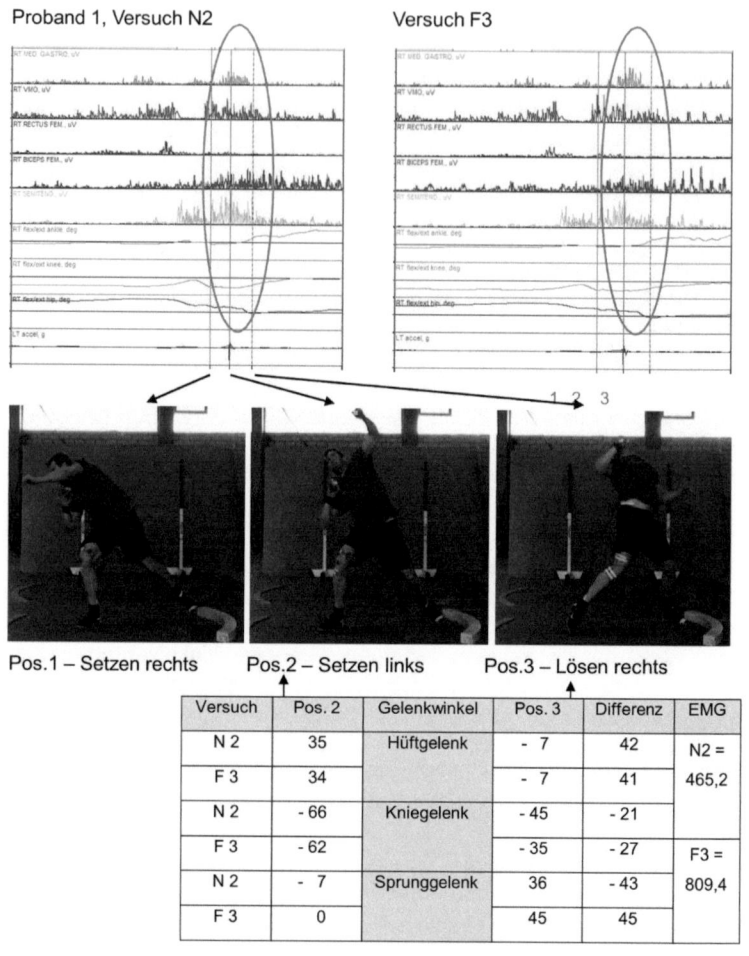

Abb. 3: Darstellung eines Vergleiches von Normal- und Fehlerversuch, Gelenkwinkelveränderungen und EMG-Potential des M. biceps f. während der Hauptphase eines Testversuches.

4. Annahme: Nach Auswertung der Videoaufnahmen und Inbezugnahme der ermittelten Messwerte sowie Vergleich von leistungsstärkeren und leistungsschwächeren Athleten ist ein enger Zusammenhang zwischen Technikleitbild und effektiver Arbeitsweise der isch. M. anzunehmen. Die isch. M. kann einen umso größeren Beitrag zur Vortriebs- und Körperstreckleistung erbringen, je näher der KSP in der Stoß- bzw. Wurfauslage zur Senkrechten über dem rechten Fuß positioniert ist.

Festzuhalten ist: Schon geringe Veränderungen oder Variationen im Bewegungsab-lauf ziehen eine sich teilweise stark verändernde intermuskuläre Arbeitskoordination nach sich. Eine endgültige Bewertung der Resultate der Untersuchung ist ohne Er-gebnis, also ohne Messen der Stoß- oder Wurfweite nicht möglich. Da in den Feh-lerversuchen teilweise höhere EMG-Werte gemessen wurden, kann eine Einschät-zung der vorteilhafteren Technikvariante ohne Ergebniserhalt nicht erfolgen.

Die Durchführung der Untersuchung mit nur vier Athleten erlaubt keine zu verallge-meinernden Aussagen, da diese auch statistisch abgesichert werden müssen. Dies lässt eine so geringe Anzahl an Probanden nicht zu. Für künftige, aussagefähige Untersuchungen wäre es wichtig, mehr Athleten in die Untersuchung mit einzubezie-hen und die erzielten Ergebnisse zu erfassen. Schlussfolgerungen aus den durchge-führten Untersuchungen sind immer unter den oben stehenden Vorbehalten zu se-hen.

6 Resümee

Die in dieser Studie ermittelten Messwerte sprechen für ein Auftreten des *Lombard-schen Paradoxons* in der untersuchten Phase, der Hauptphase von Setzen links bis Lösen rechts beim Kugelstoß und Diskuswurf. In allen Versuchen ist muskuläre Tä-tigkeit in der getesteten Muskulatur gemessen worden. In einem Versuch sind die Messwerte der isch. M. so niedrig, dass die Annahme, ohne Führung oder Haltepunkt an den Enden der dreigliedrigen kinematischen Kette entstünde auch keine paradoxe Arbeit der isch. M., als richtig angenommen werden kann.

Die Messung der Hüftwinkel zu Beginn und zum Ende der Testausführungen ergab in allen Versuchen höhere Gelenkswinkelveränderungen im Hüftgelenk als im Knie-gelenk. Dies weist darauf hin, dass die isch. M. in Bezug auf das Hüftgelenk vorran-gig ihre eigentliche Aufgabe wahrnimmt, die Streckung der Hüfte (Extension). Auf das Kniegelenk wirkt die isch. M. in geringerem Maße streckend, da sonst die Bewe-gungsrichtung nicht eingehalten werden kann und das Knie zusammen mit dem Fuß zur Antriebs- und Standstabilisation als Basis für die zum Oberkörper hin größer wer-denden Bewegungsamplituden dienen muss.

Die hohe Variabilität in der muskulären Arbeit in den verschiedenen Versuchen spricht für ein hohes Maß an Varianten und Möglichkeiten zur Aufgabenbewältigung in Abhängigkeit vom sporttechnischen Vermögen und den Kraftfähigkeiten der Ath-leten. Dabei sind während der Untersuchung bei jenen Athleten die höchsten Arbeits-werte (EMGs) gemessen worden, die einen Bewegungsablauf sehr nah am Technik-leitbild zeigten und zudem die leistungsstärkeren Athleten sind.

Ein hoher Zusammenhang zwischen der Effektivität der paradoxen Arbeit der isch. M. und einer sporttechnischen Ausführung möglichst nahe dem Technikleitbild kann als gegeben angenommen werden. Wegen der geringen Anzahl der Probanden kann diese Studienarbeit nicht als aussagekräftig oder allgemeingültig angesehen werden.

Erfreulich wäre, wenn sie als Anreiz für weitergehende Untersuchungen und For-schungsarbeiten dienen könnte. Auch um dezidierte Aussagen in Bezug auf das Trai-ning von Werfern treffen zu können, sind weitergehende Untersuchungen notwendig.

Literatur

Bauer, G. (2007). *Veränderung von physiologischen und biomechanischen Parametern durch den Einsatz eines differenziellen Techniktrainings im Radsport.* Diplomarbeit; Universität Salzburg. Zugriff am 01.10.2012 unter http://www.bauergerald.com/wp-content/uploads/2010/02/Diplo-marbeit-BauerGerald.pdf.

Ertelt, T. (2008). *Kraftmorphologie der menschlichen Beinbewegung. Elektromyografische und kine-matische Einflüsse frequenzbedingter Schlittensprünge.* Hamburg; Verlag Dr. Kovač.

Wiemann, K. (1991). *Präzisierung des Lombardschen Paradoxons in der Funktion der ischiocruralen Muskeln beim Sprint.* Sportwissenschaft 21/4, 413-428. Zugriff am 01.10.2012 unter http://www.biowiss-sport.de/paradox.pdf.

Wiemann, K. (1995). *Die ischiocrurale Muskulatur* (aus: Carl, K., Quade, K., Stehle, P. (Hrsg.): Kraft-training in sportwissenschaftlichen Forschung. Bundesinstitut für Sportwissenschaft; Köln 1995; S. 84-119). Zugriff am 01.10.2012 unter http://www.biowiss-sport.de/ischmus.html Leipzig, Sportwissenschaftliche Fakultät.

Analytische Betrachtung von Fertigkeitskomplexen in der schlittschuhläuferischen Ausbildung im Nachwuchsbereich Eisschnelllauf

Dietmar König

1 Problemstellung

Die einschneidendste Veränderung in den letzten zwei Jahrzehnten in der Sportart Eisschnelllauf war hinsichtlich der vollzogenen Lauftechnik zweifellos die Weiterentwicklung des Trainings- und Wettkampfgerätes, die Einführung des Klappschlittschuhs, mit Beginn der Saison 1996/1997. Die diesbezüglichen differenzierten Anpassungen der Eisschnelllauftechnik erforderten gleichzeitig die Notwendigkeit, die veränderten Anforderungen der Lauftechnik in die technische Ausbildung des Nachwuchstrainings im Eisschnelllauf zu integrieren.

Die verschiedenen sportlichen Techniken wie der Lauf auf der Gerade und der Kurvenlauf gehören zu bestimmenden Leistungsvoraussetzungen im Eisschnelllauf. Die erfolgreiche Anwendung dieser hoch komplexen Bewegungsstrukturen bedarf einer großen Bandbreite von sporttechnischen Fertigkeiten, die es ermöglicht, die Vortriebsleistungen effektiv auszunutzen, bei gleichzeitiger Senkung von Bremsleistungen im Verlauf des Einzelzyklus und der Zyklenfolge. Dabei müssen die verschiedenen Segmente der Einzelbewegungen durch Beine, Oberkörper und Arme koordiniert und zum optimalen Zeitpunkt miteinander gekoppelt werden. Dies stellt enorm hohe Anforderungen und Belastungen u. a. für das ZNS der Sportler dar, die eine gezielte Einflussnahme und Steuerung im motorischen Lernprozess erfordern. Eine in der Trainingspraxis zu beobachtende frühzeitige Spezialisierung und Konditionierung scheint sich negativ auf das Erlernen und Vervollkommnen von sporttechnischen Fertigkeiten auszuwirken. Eine unzureichende koordinativ-technische Ausbildung führt beim motorischen Lernen rasch zur Aneignung fehlerhafter Bewegungsmuster und falscher Bewegungsvorstellungen. Eine vernachlässigte oder gar verpasste frühzeitige umfangreiche koordinative Ausbildung lässt sich nicht dauerhaft durch konditionelle Leistungsvoraussetzungen kompensieren, sodass der Übergang in das Hochleistungstraining nicht selten mit Leistungseinbrüchen einhergeht. Bis zum jetzigen Zeitpunkt existieren weder in der internationalen noch in der nationalen Fachliteratur aussagekräftige empirische oder wissenschaftlich fundierte Untersuchungen zum technischen Ausbildungsstand des Nachwuchsbereiches im Eisschnelllauf. Daraus ergab sich die Notwendigkeit, den technischen Ausbildungsstand im Nachwuchs des Eisschnelllauf zu analysieren, verbreitete Technikfehler aufzuzeigen und somit eine Möglichkeit zu schaffen, die zukünftig durch Erweiterungen und Verfeinerungen verstärkte Aufmerksamkeit auf die sporttechnische Ausbildung im Nachwuchsbereich im Eisschnelllauf lenken..

2 Ansatz

Vor dem geschilderten Hintergrund war es das Ziel der vorliegenden Arbeit, durch einen kritischen Blick auf ausgewählte Bereiche den derzeitigen technischen Ausbildungsstand im Nachwuchsbereich der Deutschen Eisschnelllauf-Gemeinschaft (DESG) zu beleuchten und an markanten sowie entscheidenden Punkten in den verschiedenen Ausbildungsabschnitten des langfristigen Leistungsaufbaus die Bedeutung des Leistungsfaktors „sportliche Technik" hervorzuheben. Dazu wurden unterschiedliche Techniken, hauptsächlich der Lauf auf der Gerade und der Kurvenlauf, von Nachwuchssportlern während der jeweiligen saisonalen Wettkampfhöhepunkte analysiert, mit bestehenden Kenngrößen verglichen und auftretende Fehlerbilder dokumentiert.

3 Durchführung

Die Gesamtzahl der untersuchten Probanden umfasste 230 Sportler aller Leistungsbereiche zwischen 8 und 17 Jahren, darunter 115 weibliche und 115 männliche Sportler. Alle Untersuchungen wurden mittels Kinematographie (Videoanalyse) durchgeführt. Dabei wurden alters-, strecken- und anforderungsbedingt zwei unterschiedliche Untersuchungsmethoden zur Beurteilung der Lauftechniken herangezogen. Im Bereich der Grundausbildung, der sich über die Altersklassen F1, F2 und E1 (8 – 10 Jahre) erstreckt, wurden durch empirische Untersuchung, als Schwerpunktdisziplin geltend für diesen Altersbereich, die Eisgewandtheitsläufe (EGL) B und BÜ 09 betrachtet. Ebenfalls empirisch beurteilt werden konnten die Etappen des Grundlagen- und Aufbautrainings (11 – 15 Jahre) für zwei Lauftechniken, dem Lauf auf der Gerade und dem Kurvenlauf. Die Videoaufnahmen der Trainingsetappen des Aufbau- und Anschlusstrainings (15 – 17 Jahre), welche die Kurvenläufe zeigen, stellen die Grundlage der biomechanischen Untersuchungsmethode zur Messung von Körperwinkeln der Laufposition beim Kurvenlauf dar. Hierzu wurde die Kamera kurvenmittig im Scheitelpunkt von Kurvenein- und -ausgang im Innenraum positioniert, wodurch der Abstand der Kamera zur Bahn immer gleich war. Die Erfassung der Kurvenläufe erfolgte durch Kameraschwenk vom Kurveneingang zum Kurvenausgang, dem Athleten folgend. Hierbei war es zusätzlich möglich, im Rahmen des Junioren Länderkampfes GER – NED – NOR im Dezember 2011 in Berlin 13 Athleten (4 weibliche und 9 männliche) des internationalen Starterfeldes zur vergleichenden Analyse heranzuziehen. Die Altersklasse E2 (11) konnte aufgrund nicht vorliegender Aufnahmen in den Untersuchungen keine Berücksichtigung finden.

Tab. 1: Übersicht der erfassten Sportler: Altersklassen, Datum, Veranstaltungsort, Wettkampfbezeichnung, Strecke/Disziplin, Anzahl männlich/weiblich. Internationale Läufer in Klammern stehend.

AK	Datum	Ort	Wettkampf	Disziplin	m	w	gesamt
F1/F2 (AK8/9)	19.01.2013	Crimmitschau	DESG - Talentetreff	EGL-B1	14	25	39
E1 (AK 10)	19.01.2013	Crimmitschau	DESG - Talentetreff	EGL-Bü	12	15	27
E2 (AK 11)							
D1 (AK 12)	23./24.02.2013	Berlin	DM – MK 2013	1.000m	8	10	18
D2 (AK 13)	23./24.02.2013	Berlin	DM – MK 2013	1.000m	23	14	37
C1 (AK 14)	23.02.2013	Berlin	DM – MK 2013	1.000m* / 1.500m	12	19*	31
C2 (AK 15)	23.02.2013	Berlin	DM – MK 2013	1.000m* / 1.500m	17	13*	30
C2 (AK 15)	17.11.2012	Berlin	DESG - Qualifikation	1.000m* / 1.500m	3	4*	7
B1 (AK 16)	17.11.2012	Berlin	DESG - Qualifikation	1.500m	7	4	11
B2 (AK 17)	17.11.2012	Berlin	DESG - Qualifikation	1.500m	4	3	7
C2 (AK 15)	3./4.12.2011	Berlin	LK GER-NED-NOR	1.000m	1 (5)		1 (5)
B1 (AK 16)	3./4.12.2011	Berlin	LK GER-NED-NOR	1.000m	2 (5)	1 (3)	3 (8)
B2 (AK 17)	3./4.12.2011	Berlin	LK GER-NED-NOR	1.000m	3 (5)	3 (5)	6 (10)

Die Auswertung des Videomaterials der empirischen Untersuchungen wurde vorgenommen, indem jeder Sportler zunächst in einfacher Wiedergabegeschwindigkeit betrachtet wurde und vergleichend zur Zieltechnik auf offensichtliche Technikfehler überprüft wurde. Anschließend erfolgte eine mehrfache detaillierte Betrachtung aller Aufnahmen (25 fps) in Einzelbildsequenzen, um sämtliche Technikfehler zu analysieren. Die erkannten Fehler wurden nummeriert, benannt und kategorisiert nach Alter, Geschlecht, Technik (Gerade/Kurve) und Ausprägungsgrad in einer Tabelle zusammengetragen. Mit einer solchen Unterteilung gelang die anschließende Auswertung durch verschiedene Häufigkeitsanalysen sowohl in quantitativer als auch in qualitativer Hinsicht.

Abb. 1: Einzelbild, Einzelbild mit eingezeichneten Markern, Einzelbild mit Winkelmessungen (v.l.n.r.).

Das Videomaterial für die biomechanischen Untersuchungen wurde nach der Unterteilung in einzelne Clips mittels der eigens für den Sport entwickelten Videoanalysesoftware Kinovea weiterverarbeitet, indem Einzelbilder jedes Kurvendoppelschrittes erstellt wurden, jeweils zum Zeitpunkt, wenn die Athleten mit dem rechten Fuß beginnen, den Klappmechanismus des Schlittschuhs zu öffnen. Eine hierbei eventuell entstehende Toleranz lag maximal bei 0,0399 Sekunden, da bei Aufnahmen mit 25 Vollbildern pro Sekunde (25 fps) alle 1/400 (vierhundertstel) Sekunden ein Bild vorliegt. In den erstellten Einzelbildern konnten mit der Videoanalysesoftware die für die Laufposition relevanten Körperwinkel Oberkörper-, Knie- und Fuß/Schienbeinwinkel gemessen werden. Dazu wurden vorab in jedem Einzelbild Marker eingezeichnet, die sowohl die Scheitelpunkte der Körperwinkel als auch die Schnittpunkte der Winkelschenkel jeweils in den Gelenkmitten kennzeichneten. Da die Eisoberfläche den Bezug für den Oberkörperwinkel bildete, wurden zusätzlich die vordere und hintere Auflage der Kufe auf dem Eis ebenfalls mit Markern gekennzeichnet. Somit wurden die Schnittpunkte der Marker der Kufen verbunden und mittels Parallelverschiebung zum Oberkörper verschoben, sodass der Scheitelpunkt des Winkels identisch mit dem Marker des Beckenkamms war. Anschließend wurden die Knie- und Fuß-/Schienbeinwinkel eingezeichnet (vgl. Abb. 1).

Sämtliche Winkelgrößen wurden in einer Tabelle kategorisiert nach Name, Alter, Geschlecht, Strecke und Winkeltyp zusammengetragen, um diese zur Auswertung weiterverarbeiten zu können.

4   Highlights

Die untersuchten Lauftechniken weichen unter Wettkampfbedingungen zum Teil stark von den angestrebten Zieltechniken ab. Im gesamten Nachwuchsbereich, von der Grundausbildung bis zum Bereich des Anschlusstrainings, bilden sich während der sporttechnischen Ausbildung zahlreiche Fehler heraus. Dabei lassen sich diese Fehler nicht auf so genannte „Kardinalsfehler" eingrenzen, sondern sind im gesamten Nachwuchs breit gefächert. Sowohl bei den Gewandtheitsläufen der jüngsten Altersklassen (n = 66) als auch beim Lauf auf der Gerade und beim Kurvenlauf (n = 116) liegen fehlerhafte Bewegungsausführungen vor. Diese resultieren vermutlich sowohl aus mangelnden Bewegungsvorstellungen und -wahrnehmungen als auch aus unzureichenden Kraftfähigkeiten.

Beispielhaft für diese Vermutungen sind unzureichende Laufpositionen, deren damit verbundene statische Haltekräfte nicht in angestrebtem Maße bewältigt werden können.

4.1   Fehlerhäufigkeiten und –ausprägungen

Die erkannten Fehlerbilder, 10 für die Gewandtheitsläufe und 18 für die Lauftechniken auf der Gerade sowie im Kurvenlauf, verteilen sich in der Gesamtbetrachtung (27 %) sehr gleichmäßig auf die weiblichen Sportler (28 %) und die männlichen

Sportler (26 %) innerhalb der Fehlerbilder. Bei einer geschlechtsspezifischen Betrachtung der einzelnen Altersklassen ist jedoch auffällig, dass bereits in sehr frühem Trainingsalter signifikante Unterschiede der Fehlerhäufigkeiten beider Geschlechter vorliegen. So werden in den beiden unteren Altersklassen F1/F2 (8/9) deutlich mehr Fehler von Jungen (21 %) gegenüber den Mädchen (15 %) verzeichnet. Dieser geschlechtsspezifische Unterschied gleicht sich in den folgenden Jahren nahezu aus, bei ebenfalls sprunghaftem Anstieg der Fehlerhäufigkeiten (vgl. Abb. 2). Gründe können, insbesondere von der AK F1/F2 (8/9) zur AK E1 (10), in den wesentlich höheren technischen Anforderungen des EGL BÜ09 und dem verändertem, technisch anspruchsvolleren Schlittschuhmaterial der Eisschnelllaufkufe gesehen werden.

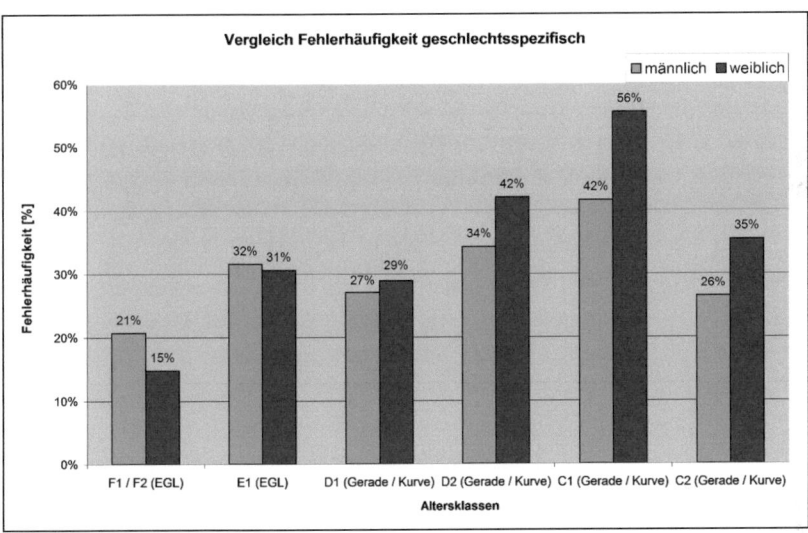

Abb. 2: Fehlerhäufigkeit im Vergleich Geschlecht nach Altersklassen.

Ein ebenfalls deutlicher und gleichzeitig ansteigender geschlechtsspezifischer Unterschied der Fehlerhäufigkeiten ist hier ab der AK D2 (13) zu erkennen. Neben einem gesamten Anstieg der Fehlerhäufigkeiten beider Geschlechter ist dabei ein sehr starker Zuwachs der Fehler bei den Mädchen zu verzeichnen. Dieser geschlechtsspezifische Unterschied begründet sich vermutlich in den Besonderheiten der motorischen Ontogenese des Menschen. So ist die Phase des frühen Jugendalters (Pubeszenz), in welcher der zweite Gestaltwandel erfolgt, geprägt von der größten Wachstumsphase während der Entwicklung, mit einer jährlichen Größenzunahme von 8 bis 10 Zentimetern, die einem überwiegenden Extremitätenwachstum, insbesondere der unteren Extremitäten, zuteilwird. Die längenwachstumsbedingten Veränderungen der Hebel bleiben dabei nicht folgenlos für den motorischen Lernprozess, der in diesem Alter typischerweise verlangsamt, stagnierend oder sogar rückläufig verlaufen kann. Entgegen früheren Sichtweisen, oft als „Krisenzeit" gekennzeichnet, wird aus heutiger sportwissenschaftlicher Sicht die Pubeszenz als *Phase der Umstrukturierung von motorischen Fähigkeiten und Fertigkeiten* bezeichnet und als normaler Entwicklungsvorgang angesehen (Meinel & Schnabel, 2007). Die gegenüber den Jungen frühere biologische Entwicklung der Mädchen und die damit zusammenhängenden Folgen des motorischen Lernprozesses deuten auf die geschlechtsspezifischen Unterschiede der Fehlerhäufigkeiten in diesem Altersbereich hin.

Zum Ausprägungsgrad der beobachteten Fehler kann festgehalten werden, dass ein relatives Gleichgewicht mit einer maximalen Abweichung von +/- 5 %, sowohl in der Gegenüberstellung beider Geschlechter als auch altersklassenübergreifend vorliegt. Selbst eine Abtrennung der Altersbereiche D1 bis C2 zeigt in der unterteilten Betrachtung des Fehlerausprägungsgrades für Gerade und Kurve annähernd eine Gleichverteilung, mit einer maximalen Abweichung von 1 %. In der Gesamtbetrachtung sind schwere (25 %) und mäßig (26 %) ausgeprägte Fehler annährend gleich verteilt. Nur 13 % der der beobachteten Fehler konnten als leicht bewertet und eingeordnet werden, während über ein Drittel (36 %) der bewerteten Techniken innerhalb der Toleranzfelder der festgelegten Zieltechnik lagen, wie Abbildung 3 verdeutlicht.

Gesamtverteilung Fehlerausprägungsgrad m/w

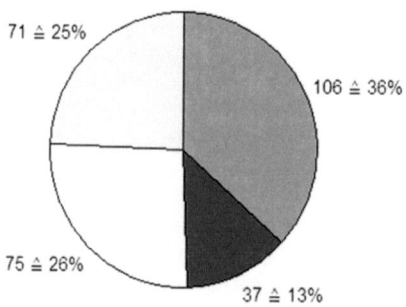

▨ 0 -	Bewegungsausführung innerhalb der festgelegten Zieltechnik
■ 1 -	Bewegungsausführung mit leichten Fehlern
▢ 2 -	Bewegungsausführung mit mäßigen Fehlern
▢ 3 -	Bewegungsausführung mit schweren Fehlern

Abb. 3: Gesamtverteilung (männlich/weiblich) des Ausprägungsgrades aller verzeichneten Fehler.

4.2   Die Zieltechnik in Kurvenläufen

In der Gesamtzahl von 1.245 biomechanischen Messungen wurden 532 Körperwinkel (Oberkörper-, Knie- und Fuß/Schienbeinwinkel) bei 48 Probanden, jeweils 24 weiblichen und männlichen gemessen. Sechs Athleten, drei weibliche und drei männliche, erreichten dabei die Vorgaben der Zieltechnik aller drei Körperwinkel, welches eine Quote von 13 % darstellt. Bei einer Betrachtung der einzelnen Körperwinkel unabhängig voneinander wurden 43 % der Vorgaben der Zieltechnik erfüllt. Eine diesbezügliche altersklassenspezifische (international) Auswertung weist dabei teilweise deutliche Differenzierungen auf, wie die Abbildung 4 zeigt.

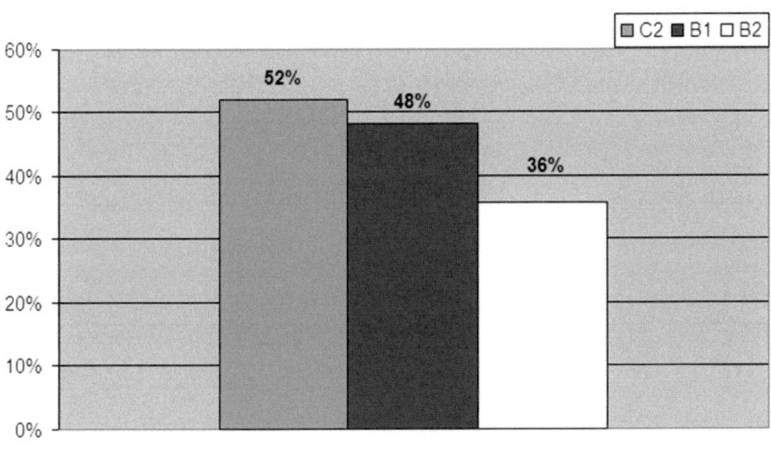

Abb. 4: Erfüllung der Zieltechnik in Betrachtung der Einzelwinkel nach Altersklassen (international).

Ein solcher vermeintlicher Abfall der Zieltechnikerfüllung kann ebenso registriert werden bei der Betrachtung der einzelnen Körperwinkel, für den Oberkörperwinkel und den Fuß/Schienbeinwinkel. Die Erfüllung der Zieltechnik des Kniewinkels hingegen liegt altersklassendifferenziert annährend gleich hoch zwischen 72 % und 79 %. Dabei sind ebenfalls beide Geschlechter des internationalen Starterfeldes zusammen betrachtet worden und in der Abbildung 5 dargestellt.

Zieltechnikerfüllung nach Körperwinkel (m / w)

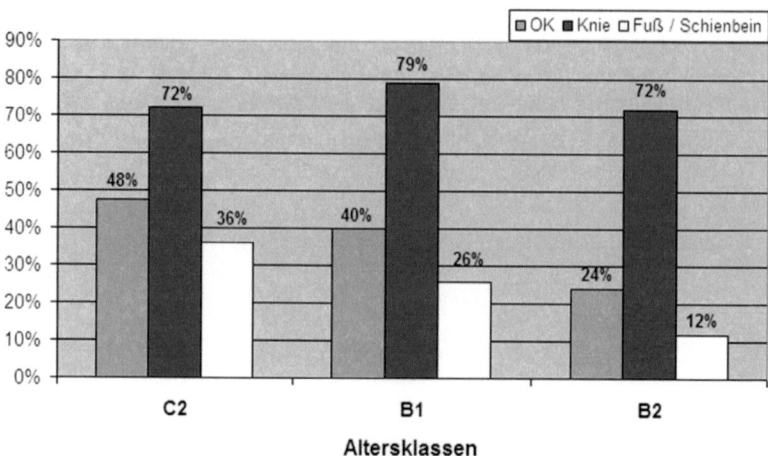

Abb. 5: *Erfüllung der Zieltechnik der einzelnen Körperwinkel nach Altersklassen getrennt (international).*

Wesentlich deutlicher fallen bei der detaillierten Gegenüberstellung im internationalen Vergleich zuvor beschriebene Schwankungen der einzelnen Körperwinkel hinsichtlich der Erfüllung der Zieltechnik aus. Bei der Untersuchung, unterteilt sowohl nach Altersklassen als auch nach Geschlecht, wird offensichtlich, dass im internationalen Vergleich dieser Altersgruppen wesentlich weniger Athleten die Körperwinkel der Zieltechnikerfüllung, insbesondere des Oberkörperwinkels und des Fuß/Schienbeinwinkels, erreichen. Abweichungen von mehr als 30 % bei der Erfüllung der Zieltechnik des Oberkörperwinkels sind mehrfach zu verzeichnen. In der Abbildung 6 wird ein genauer Überblick nach Geschlecht, Altersklassen und Nation über die Zieltechnikerfüllung der einzelnen Köperwinkel gegeben. Von der AK C2 weiblich des Länderkampfes Junioren GER – NED – NOR liegen keine Aufnahmen der untersuchten Strecke über 1.000 m vor, sodass diese in dem Vergleich nicht einbezogen werden konnten.

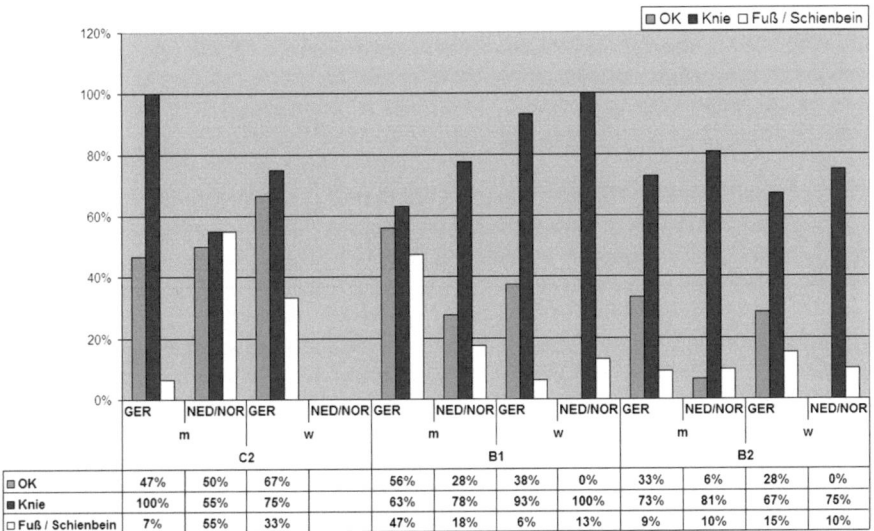

Erfüllung Zieltechnik Einzelwinkel GER - NED / NOR

	GER	NED/NOR	GER	NED/NOR	GER	NED/NOR	GER	NED/NOR	GER	NED/NOR	GER	NED/NOR
	m		w		m		w		m		w	
	C2				B1				B2			
OK	47%	50%	67%		56%	28%	38%	0%	33%	6%	28%	0%
Knie	100%	55%	75%		63%	78%	93%	100%	73%	81%	67%	75%
Fuß / Schienbein	7%	55%	33%		47%	18%	6%	13%	9%	10%	15%	10%

Abb. 6: Vergleich der Zieltechnikerfüllung der Einzelwinkel deutscher Junioren mit Sportlern aus den Nieder-landen und Norwegen.

An dieser Stelle muss ausdrücklich darauf hingewiesen werden, dass die zuvor dargestellten Ergebnisse und ein vermeintlicher Abfall der Zieltechnikerfüllung der Körperwinkel nicht aussagen, dass sich hierbei eine sportliche Technik verbessert oder verschlechtert hat.

Bei der weiteren Untersuchung der Ergebnisse gelang es bislang nicht, eine mathematische Korrelation zwischen dem Oberkörperwinkel, dem Kniewinkel und dem Fuß/Schienbeinwinkel herzustellen. Dennoch ist bei empirischer Betrachtung der Winkelmesswerte auffällig, dass bei 83 % der Datengruppen, aus den Werten aller drei Körperwinkel, sich der Kniewinkel nahezu proportional um den Wert vergrößert, um den der Oberkörperwinkel verkleinert wird. Da diese Untersuchungen nicht abgeschlossen sind, werden hierzu zukünftig noch Ergebnisse angestrebt.

5 Diskussion und Praxisbezug für den Trainer

Der gestiegene Stellenwert des Leistungsfaktors Technik im Gesamtgefüge der sportlichen Leistung erfordert eine gezielte und effektive Technikausbildung, insbesondere um bei rückläufiger Anzahl an Nachwuchssportlern sportliches Potenzial und Talent optimal zu fördern. Die Untersuchungen zeigen, dass ein Großteil der Nachwuchssportler aller Altersklassen im Eisschnelllauf die Lauftechniken nur fehlerhaft beherrscht. Mehr als die Hälfte der Nachwuchssportler weisen dabei mäßige und schwere Fehler in ihrer Ausprägung auf. Ursachen dafür sind in mangelhaften Bewegungsvorstellungen sowie in ungenügenden koordinativen und auch konditionellen Fähigkeiten zu suchen. In einem breit gefächerten Fehlerbild lassen sich Hauptfehler vor allem bei der Laufposition, dem Abstoßverhalten und dem Schlittschuhaufsatz auf das Eis beobachten, wobei hier die Vermutung naheliegt, dass insbesondere durch eine ungenügende Laufposition Folgefehler im Abstoß und Aufsatz des Schlittschuhs hervorgerufen werden.

Einen entscheidenden Beitrag zur Optimierung des Techniktrainings im Nachwuchs kann ein für Trainer praxisrelevantes Technikleitbild liefern. Als Vorgabemodell für das langfristige Techniktraining (Nitsch & Neumaier, 1997) kommt dem Technikleitbild eine führende Rolle als Idealtechnik (Technik-Sollwert) zu und liefert durch die Vergleichsmöglichkeit (Soll-Ist-Vergleich) mit der individuellen sportlichen Bewegungsausführung (Technik-Istwert) eine Grundlage zur Fehleranalyse, auf die methodisch im Techniktraining mittels Fehlerkorrektur reagiert werden kann. Darüber hinaus liegt eine weitere maßgebliche Komponente des Technikleitbildes in der Vermittlung der Bewegungsvorstellung beim Sportler und beim Trainer. Das Erlernen und Verfeinern einer sportartspezifischen Technik ist untrennbar mit dem bewussten Erfassen sowie der bewussten Auseinandersetzung mit dem Technikleitbild verbunden. Nur durch diesen, u. a. von kognitiven Voraussetzungen abhängigen, Vorgang wird der Sportler Zugang zu Vergleichsgrößen einer nötigen Fehlerkorrektur erhalten und über die Bewegungsvorstellung auch selbstorganisiert Fehler erkennen und korrigieren können, mit dem Ziel, sich bei jeder Fehlerkorrektur dem Technikleitbild möglichst weit anzunähern.

Die in der Trainingswissenschaft verschiedenen und stetig weiterentwickelten Modelle zur Bestimmung von Technikleitbildern eröffneten u. a. durch die Bestimmung muskelphysiologischer Kennwerte und anatomischer Gegebenheiten die Möglichkeit, die individuellen Leistungsvoraussetzungen des einzelnen Sportlers zu berücksichtigen und somit im Rahmen allgemeingültiger Vorgaben Varianten der sportlichen Technik zu bestimmen. Eine zwingende Unterscheidung der Technikleitbilder des Hochleistungsbereiches von den Technikleitbildern des Nachwuchses ist diesen Erkenntnissen immanent (Gutewort & Sust, 1989).

Im deutschen Eisschnelllauf wird auf ein derart präzises und ausdifferenziertes, für Trainer praxisrelevantes Technikleitbild, wie es beispielsweise u. a. Andrich bereits 1986 beschrieb, nicht zurückgegriffen. Sowohl im Bereich der Biomechanik als auch für die praktische Anwendung im Techniktraining scheinen voneinander getrennte Auffassungen zu bestehen. Angewandte Vorgaben und Kenngrößen für die Trainingspraxis sind jedoch empirisch ermittelt und nicht hinreichend wissenschaftlich belegt. Sporttechnische Grundlagen werden, bedingt durch die motorische Ontogenese des Menschen, bereits in frühem Kindesalter geschaffen. Durch die Tatsache, dass insbesondere im Nachwuchs des deutschen Eisschnelllaufs zumeist junge Trainer der unteren Lizenzstufen das Erlernen der sportartspezifischen Technik vermitteln, müssen mit voranschreitenden Erkenntnissen, hinsichtlich einer zielführenden

Ausführung und Methodik, Anpassungen durch das Technikleitbild erfolgen. Dabei besteht hinter der Problematik der Entwicklung eines praxisorientierten Technikleitbildes die große Chance der Erkenntnisgewinnung, u. a. in Form der Hinterfragung von Zielvorgaben sporttechnischer Führungs- und Kenngrößen, um die in den Untersuchungen deutlich gewordenen, zum Teil erheblichen Differenzen zwischen deutschen und internationalen Eisschnellläufern zu durchdringen.

Der sporttechnische Ausbildungsprozess im Eisschnelllauf ist geprägt von zahlreichen Herausforderungen, die es in vielerlei Hinsicht zu meistern gilt, um zukünftig dem Anspruch im Spitzen- und Hochleistungssport gerecht zu werden. Die herausgestellte „Leistungsreserve Technik" ist dabei vordergründig mit Konsequenz in der technischen schlittschuhläuferischen Ausbildung junger Eisschnellläufer zu suchen, mit dem Ziel der qualitativen Steigerung. Dazu gehört als Voraussetzung die Einbeziehung wissenschaftlich erwiesener und feststehender Merkmale der motorischen Entwicklung in die Ausbildung, ohne die eine optimale Ausnutzung eines koordinativen „goldenen Lernalters" nahezu unmöglich sein wird. Verlangsamte motorische Lernfähigkeit oder Leistungsstagnationen bis hin zu gelegentlichen Leistungsrückgängen gehören aus motorisch ontogenetischer Sicht zu einem „normalen" Entwicklungsverlauf der Pubeszenz und erfordern umso mehr eine dem biologischen Alter angepasste Steuerung und Einflussnahme in der täglichen Trainingspraxis. Das Wissen, dass zum Ende der Adoleszenz bei jungen Frauen oftmals keine Steigerung bzw. Zunahme der motorischen Lernfähigkeit mehr gegeben ist, muss in einem gesamten koordinativen Ausbildungsprozess berücksichtigt werden, um diesen bestmöglich anzupassen. Das bedeutet nicht nur, eine breite Basis der koordinativen Fähigkeiten als Hauptschwerpunkt zu bestimmen und damit die technische Ausbildung schon im frühsten Trainingsalter zu beginnen, sondern auch, dass hierbei jegliches Streben nach „einseitig-getrimmten" Frühleistungen verfehlt und eine Orientierung auf spezielle Trainingsmittel verfrüht ist. Solche Einseitigkeiten können bei jungen Sportlern zwar häufig zu Leistungssteigerungen führen, die jedoch kurzfristig sind und im Verlauf bei angestrebten sportlichen Hoch- und Höchstleistungen ungenügenden Leistungszuwachs bzw. Leistungsstagnation zur Folge haben (Meinel & Schnabel, 2007).

Neben der Heraushebung der Leistungsreserve Technik im schlittschuhläuferischen Ausbildungsprozess war Ziel dieser Arbeit, einen praxisorientierten Lösungsvorschlag einer Vorgehens- und Handlungsweise zu unterbreiten, das Problemfeld Sporttechnik im Eisschnelllauf zielgerichtet zu durchdringen. Gleichzeitig ist eine Diskussion der behandelten Thematik erwünscht und beabsichtigt, um so zu einer Kommunikationsbasis im Austausch um die Verbesserung der technischen Ausbildung im deutschen Eisschnelllauf beizutragen.

Literatur

Andrich, B., (1986). *Zur Bedeutung des Leistungsfaktors Sporttechnik im Eisschnelllauf.* Theorie und Praxis Leistungssport. 24 (4).

Meinel, K. & Schnabel, G. (2007). *Bewegungslehre – Sportmotorik. Abriss einer Theorie der sportlichen Motorik unter pädagogischem Aspekt.* (11. überarbeitete und erweiterte Aufl.). Aachen: Meyer & Meyer.

Nitsch, J & Neumaier, A. (1997). *Trainingswissenschaftlicher Ansatz zum Techniktraining.* In: Nitsch, J., Neumaier, A., De Marées, H. & Mester, J. (Hrsg.). *Techniktraining. Beiträge zu einem interdisziplinären Ansatz.* (1. Aufl.). Schorndorf: Verlag Karl Hofmann.

Gutewort, W. & Sust, M. (1989). *Sporttechnische Leitbilder und individualspezifische Technikvarianten.* Theorie und Praxis Leistungssport, 27 (8/9).

Die Trainerakademie und das europaweite Projekt „CoachLearn"

Klaus Oltmanns

„CoachLearn: Enhancing sport coaches` learning, mobility and employment within the context of a European Sport Coaching Framework" heißt ein neues Projekt unter der Leitung der Leeds Beckett University (LBU, vormals Leeds Metropolitan University) und des International Council for Coaching Excellence (ICCE). Der Antrag an die Europäische Union, das Projekt aus Mitteln des Erasmus+-Programmes zu fördern, ist im Spätsommer 2014 genehmigt und die formalen Verträge mit allen Partnern sind inzwischen geschlossen worden. Neben den beiden genannten leitenden Institutionen sind das Niederländische Olympische Komitee/Niederländischer Sportbund, die Ungarische Trainervereinigung, die HAAGA-HELIA Universität/Nationales Olympisches Komitee in Finnland sowie die Trainerakademie Köln des DOSB als Partner beteiligt. Das Projektende ist für August 2017 geplant.

Hauptziel des Projektes wird sein, basierend auf dem bestehenden International Sport Coaching Framework ISCF des ICCE und weiterer vorliegenden Dokumenten ein speziell auf die europäischen Belange ausgerichtetes European Sport Coaching Framework zu entwickeln. Dieses ESCF soll die europäischen Partner mit Ideen und Methoden unterstützen, um ihre eigenen Trainings- und Trainersystematik weiter voranzubringen. Bestehende und sich entwickelnde gute Praxisbeispiele in Traineraus- und -weiterbildung, -entwicklung und -förderung sollen über Forschungs- und Entwicklungsarbeiten europaumfassend einbezogen werden. Projektleiter Sergio Lara-Bercial (LBU und ICCE) formuliert das so: „The ESCF will be sensitive to the needs of coaching systems and coaches across the union. It will be easily adaptable within the different national and organizational contexts in which it may be applied by the stakeholders."

In den ersten Meetings des Projektleitungsteams (je ein Vertreter der beteiligten Partnerinstitutionen) im Winter 2014/15 stand neben dem formalen Start und Abstimmungen zunächst ein informativer Austausch über die Trainersituation in den beteiligten Nationen (z. B. Ausbildung, Lizenzierung, Beschäftigungsformen, Verhältnis lizenzierte Trainer vs. aktive Sportler) im Mittelpunkt. Inhaltlich gab es eine erste Orientierung auf die Berücksichtigung von Prior Learning (u. a. Vorwissen und Kompetenzen, nicht nur aus formaler Trainerbildung) und Work Based Experience (Berücksichtigung und Nutzen tätigkeitsgestützter Erfahrungen und Entwicklungsprozesse) in der Traineraus- und -weiterbildung und der Beschäftigung von Trainern.

Aus einem Überblick über die verschiedenen Situationen in den beteiligten (und weiteren ausgewählten) Nationen bzw. Organisationen sollen Best-Practice-Modelle zusammengestellt bzw. hinterfragt und gemeinsam tragfähige Orientierungs- und Rahmenmodelle als Basis für die Gestaltung professioneller Ausbildungs- und Beschäftigungsfelder für Trainer entwickelt werden. Von besonderem Interesse sind dabei für den Förderer EU nicht nur länder- bzw. organisationsspezifische Besonderheiten, sondern vor allem Gemeinsamkeiten, ein gemeinsamer Referenzrahmen sowie Möglichkeiten gegenseitiger Anerkennung und der Mobilität auch von Trainern.

Der Angriff gewinnt Spiele, die Abwehr gewinnt Meisterschaften? Analyse der Spielleistung im Handball als Interaktion von Angriffs- und Abwehraktionen am Beispiel der deutschen Männer-Nationalmannschaft bei der Weltmeisterschaft 2013 in Spanien

Klaus-Dieter Petersen

1 Problemstellung

Nahezu jedem Handballtrainer ist die alte Weisheit bekannt, dass der Angriff einzelne Spiele gewinnt, während die Abwehr dafür verantwortlich ist, Meisterschaften oder auch Turniere zu gewinnen. Dabei stellt sich die Frage, ob diese Aussage den Tatsachen entspricht. Wird der Spielerfolg maßgeblich durch die Angriffsleistung bestimmt oder ist er vielmehr ein Produkt aus einer guten Abstimmung zwischen Abwehr- und Angriffsleistung? Anhand welcher Kriterien kann verdeutlicht werden was für den Spielerfolg maßgeblich ist?

2 Theoretischer Hintergrund

Handball ist in seiner Spielidee von einer hohen Komplexität geprägt, die von einer Vielzahl an Bedingungen bestimmt wird. Die Komplexität der Spielleistung resultiert dabei aus dem hierarchischen Wirkungsgefüge unterschiedlicher Erklärungsebenen und der Vernetzung zwischen Spielwirksamkeit und Spielfähigkeit des einzelnen Spielers (Brack, 2002). Die Wirkungsgefüge sind dabei nicht unabhängig voneinander, sondern unmittelbar untereinander vernetzt zu sehen. Somit resultieren alle Spielhandlungen eines Spielers immer aus der Interaktion mit den Mitspielern und den Gegenspielern. Roth (1989) spricht in diesem Kontext von WAS- und WIE-Entscheidungen. Sie haben den Zweck, eine Spielsituation optimal zu lösen. Die Regulation der Spielhandlung verlangt vom Spieler, Spielsituationen situationsgerecht (schnell) zu erkennen, zu antizipieren und „richtig" zu entscheiden. Darüber hinaus müssen die Situationen im Spiel möglichst schnell und genau mit den Mitspielern unter Bedrängnis des Gegners ausgeführt werden. Grundlage der Entscheidungen einzelner Spieler bzw. einer Mannschaft ist die jeweilige Individual-, Gruppen- oder Mannschaftstaktik. Die Mehrzahl an richtigen und effizienten Entscheidungen einer Mannschaft machen schließlich eine hohe Spielwirksamkeit und vermutlich auch den Spielerfolg aus. Ein gezieltes Training kann dabei ein Schlüssel sein. Die Spielleistung und die Spielwirksamkeit einer Mannschaft bzw. eines Spielers lassen sich nur im Wettkampf selbst diagnostizieren, wobei qualitative und quantitative Verfahren der systematischen Spielbeobachtung angewandt werden (Hohmann, Kolb & Roth, 2005). Die Analyse zielt darauf ab, Aussagen zur eigenen Leistung, der des Gegners oder auch von herausragenden Spielern zu erfassen, die anschließend wieder in den

Trainingsprozess einfließen können. Für Lames (1994) ist die Erfassung der Spielleistung jedoch mit dem Problem verbunden, dass alle Spielhandlungen auf Interaktionen beruhen. Insbesondere Interaktionen lassen sich aber nicht einfach quantifizieren. Dieses Problem wird deutlicher, wenn einfache objektive Kriterien zur Bewertung von Spielaktionen bei der systematischen Spielbeobachtung eingesetzt werden. So berichten eine Vielzahl an Untersuchungen der Spielleistung und Spielwirksamkeit einzelner Spieler bzw. einer Mannschaft, indem lediglich statistische Werte dokumentiert werden. In solchen Fällen wird beispielsweise anhand der Trefferquoten einzelner Spieler von unterschiedlichen Positionen auf die Angriffsleistung geschlossen. Als Abwehrleistung werden im Gegensatz dazu lediglich die Haltestatistik von Torhütern und die durch die Abwehrspieler geblockten Bälle herangezogen. Pabst und Kollegen (Pabst, Büsch, Jensen, Heuberger & Pfänder, 2012) stellen allerdings für die Abwehrleistung fest, dass die Anzahl der geblockten Bälle maßgeblich durch das gespielte Abwehrsystem bestimmt wird. So lassen offensiv gespielte Abwehrsysteme (z. B. 3:2:1 oder 5:1) oftmals weniger Fernwürfe durch den Angriff zu, was die Anzahl an geblockten Bällen stark reduziert (vgl. Heuberger, 2004a; Petersen, 2005). Gleichfalls beruht die Haltequote von Torhütern nicht zwangsläufig nur auf dem Torhüter, sondern auch auf der taktischen Ausrichtung und den individuellen Stärken der Abwehrspieler (Grage, 2008; Rogulj, Papić & Srhoj, 2005). Ein wesentlicher Grund dafür ist, dass die Entfernung, aus der der Ball geworfen wird, und die Geschwindigkeit des geworfenen Balles es dem Torhüter oftmals unmöglich machen, entsprechend bewusst zu reagieren und den Ball aktiv zu halten (Prudente, Garganta & Anguera, 2010). Dies erfordert, dass die Abwehr und der Torhüter in vielen Situationen „taktisch" kooperieren, um den Angreifer in seinen Wurfmöglichkeiten so zu beeinflussen, dass er zu einer ungünstigen Wurfposition gezwungen wird (Rogulj et al., 2005; Rogulj & Srhoj, 2003). Besondere Bedeutung erlangt diese Interaktion zwischen Angriffs- und Abwehrleistung vor dem Hintergrund, dass ca. 41 % aller Angriffsaktionen (Pabst et al., 2012; Rogulj & Srhoj, 2003; Rogulj, Srhoj & Srhoj, 2004; Schlegel & Gert, 1987; Schlegel, Nowak & Jeanichen, 1994, 1995a, 1995b; Sichelschmidt & Klein, 1983a, 1983b) allein aus dem Rückraum erfolgen und die Abwehr somit maßgeblich am „Torerfolg" beteiligt ist. So verwundern Schlagzeilen wie: „Dank der überragenden Abwehrleistung vor dem erneut starken Torwart [...] und dem nicht nachlassenden Druck nach vorne [...] konnte der höchste Sieg in der 3. Liga verbucht werden" (Zenk, 2013) nicht wirklich.

3   Zielstellung der Arbeit

Wie in der Vorbetrachtung deutlich werden sollte, muss die Spielleistung stets ein Resultat aus der Interaktion zwischen Angriffs- und Abwehrleistung sein und sollte demnach auch stets im Zusammenhang mit diesen interpretiert werden. Insbesondere vor dem Hintergrund, dass die wesentlichen Erkenntnisse aus dem Spiel in den Trainingsprozess implementiert werden sollten. Die erhobenen objektiven Erkenntnisse zur Angriffsleistung, aber auch zur Abwehrleistung, sollen dem Trainer helfen, kurz-, mittel- und langfristig effektiv zu planen. Das Handballspiel als solches wird insbesondere als Haupteinflussgröße der sportlichen Leistungsentwicklung von Nachwuchshandballern gesehen. Daher sollten die Kriterien zur Erfassung der Spielleistung auch geeignet sein, um Hinweise zum aktuellen Entwicklungsstand von Nachwuchshandballern zu erfassen und entwicklungsbedingte Veränderungen zu beschreiben.

Bisherige Analysen der Spielleistungen beziehen sich überwiegend auf eingeschränkte objektive Kriterien. Hauptsächlich wird dabei die Angriffsleistung betrachtet, die zudem losgelöst vom Spiel erfolgt. Vor dem Hintergrund dieser beschriebenen Problematik ist es Ziel der folgenden Arbeit, die Angriffs- und Abwehrleistung als separate, aber auch zusammenhängende Spielleistungen zu erfassen und in Bezug zum Erfolg zu setzen. Gemäß dem Spielziel im Handball, innerhalb eines Spieles mehr Tore als der Gegner zu erzielen, ist eine objektive Betrachtung der Spielleistung „ohne Zusammenhang" schwierig, da Spielhandlungen oftmals nicht losgelöst von Mitspielern und insbesondere Gegnern erfolgten. Was zeichnet demnach „Spitzenmannschaften" aus? Eine gute Angriffs- oder eine gute Abwehrleistung oder beides? Stimmt es, dass der Angriff einzelne Spiele gewinnt, während die Abwehr dafür verantwortlich ist, Meisterschaften oder auch Turniere zu gewinnen?

Auffällig in der Literatur ist dabei, dass zur Erfassung der Angriffsleistung eine Vielzahl von Kriterien existiert, die bereits zur Quantifizierung der Spielleistung genutzt werden können. Im Gegensatz dazu ist die Operationalisierung der Abwehrleistung weitestgehend auf Haltequoten von Torhütern beschränkt. Somit ist es zwingende Voraussetzung, zunächst geeignete Kriterien aufzustellen, die die Abwehrleistung in Zusammenhang mit den Haltequoten von Torhütern objektiv abbilden. Anschließend muss es Ziel sein, die Angriffs- und Abwehrleistung in einen sinnlogischen Zusammenhang zu bringen. Mit dieser ganzheitlichen Betrachtung ist die Hoffnung verbunden, objektive Erkenntnisse für die Sportart Handball zu erzielen, die die Ansatzpunkte für eine verbesserte Trainingsgestaltung sein können. Zusätzlich wird darin die Möglichkeit gesehen, die langfristige systematische Ausbildung von Nachwuchshandballern besser zu begleiten.

4   Ansatz

Im Rahmen dieser Arbeit ist es wichtig, zunächst die Struktur der Spielleistung im Handball darzustellen. Ein präferiertes Leistungsstrukturmodell soll schließlich die Grundlage bei der Bearbeitung der Thematik sein. Zur Strukturierung der Spielleistung in Sportspielen wurde eine Vielzahl an Modellen entwickelt, die die Vorstellung vereinen, eine Systematik in der Zusammensetzung der Spielfähigkeit einer Sportart abzubilden. Hohmann unterscheidet dabei zwischen nicht-empirischen Modellen und empirischen Strukturmodellen.

Weiter gilt es, die Taktik im Handball durch relevante leistungsbestimmende Merkmale sowohl für den Angriff als auch für die Abwehr möglichst objektiv zu erfassen.

67

Die Verbindung zwischen den einzelnen Spielaktionen sind die Handlungsplanungen, die sich aus der Wahrnehmung und der endgültigen spieladäquaten Entscheidung zur Ausführung der Bewegung ergeben. Der Entschluss zum Handeln erfolgt nach dem Wenn-Dann-Prinzip, als Reaktion auf Mitspieler und/oder Gegner (Roth, 1989). Die Erfassung der taktischen Spielleistung unterliegt dabei den Kriterien der allgemeinen Leistungsdiagnostik. Hierbei geht es in erster Linie darum, mithilfe valider Messverfahren diejenigen Merkmale objektiv zu erfassen, die für die Erbringung der Angriffs- und der Abwehrleistung maßgeblich verantwortlich sind.

Die Arbeitsgrundlage dieser Arbeit bildet das empirisch-leistungsdiagnostische Leistungsstrukturmodell von Hohmann und Brack (1983), da die Gliederung des Wirkungsgefüges in verschiedenen Ebenen erfolgt, die nicht umkehrbar aufeinander aufbauen (Böttcher, 1998). Der besondere Wert des Modells wird darin gesehen, dass das Verhalten im Spiel als Spielwirksamkeit aller messbaren Indikatoren der Spielleistung gesehen werden kann, wobei die Unterschiede in der individuellen und komplexen Spielleistung und in der unterschiedlichen Spielwirksamkeit ihre Begründung finden (Hohmann & Brack, 1983). Die Voraussetzung für die Spielwirksamkeit stellen die individuellen Leistungsvoraussetzungen des Spielers dar, welche die zweite Betrachtungsebene des Modells sind. In der Bearbeitung der Thematik sollen die erste und zweite Erklärungsebene des Leistungsstrukturmodells miteinander verknüpft werden, wobei großer Wert auf die Interaktion zwischen Angriffs- und Abwehraktionen gelegt werden soll, d. h. dass die Angriffsaktionen stets im Zusammenhang zur Abwehraktionen zu sehen sind.

5 Fragestellungen und Hypothesen

Im Sinne der Ziel- und Aufgabenstellung dieser Arbeit wurden im Vorfeld die allgemeinen Arbeitsfragestellungen formuliert: Was zeichnet internationale „Spitzenmannschaften" aus, eine gute Angriffs- oder eine gute Abwehrleistung oder beides? Stimmt es, dass der Angriff einzelne Spiele gewinnt, während die Abwehr dafür verantwortlich ist, Meisterschaften oder auch Turniere zu gewinnen? Die daraus aufgestellten, speziellen Fragestellungen lauten:

1. Zeichnet die Spielleistungen von erfolgreichen Mannschaften eine gute Angriffsleistung oder eine gute Abwehrleistung aus?

2. Gibt es einen Zusammenhang zwischen der Angriffs- und Abwehrleistung von erfolgreichen Mannschaften?

3. Müssen bei der Bewertung der Abwehrleistung die Abwehrspieler und der Torhüter im Zusammenhang betrachtet werden?

Aus den formulierten Arbeitsfragestellungen wurden folgende operationalisierte Hypothesen generiert:

1. Erfolgreiche Mannschaften zeichnen sich durch eine größere Effektivität im Angriff aus.

2. Es besteht ein bedeutsamer Zusammenhang zwischen der Angriffsleistung und der Abwehrleistung von erfolgreichen Mannschaften.

3. Die Abwehrleistung muss als Interaktion zwischen Abwehrspielern und Torhüter gesehen werden.

Die Analyse der Angriffs- und Abwehrleistung erfolgt im Rahmen der Weltmeisterschaft 2013 in Spanien anhand von sieben Spielen. Die Auswahl beschränkt sich dabei auf die Spiele, die die deutsche Mannschaft absolviert hat (siehe Tab. 1).

Tab. 1: Überblick der in der Arbeit betrachteten Spielpaarungen.

Turnierphase	Mannschaft 1	Ergebnis	Mannschaft 2
Vorrunde	Deutschland	33 : 23	Brasilien
Vorrunde	Tunesien	25 : 23	Deutschland
Vorrunde	Deutschland	31 : 27	Argentinien
Vorrunde	Deutschland	29 : 21	Montenegro
Vorrunde	Frankreich	30 : 32	Deutschland
Achtelfinale	Mazedonien	28 : 23	Deutschland
Viertelfinale	Spanien	28 : 24	Deutschland

Grundlage für die Spielanalysen waren die Videoaufzeichnungen der Herren-Weltmeisterschaft 2013 in Spanien, die durch den DHB zur Verfügung gestellt wurden. Die Spiele lagen demnach in sehr guter Qualität für eine Auswertung vor. Alle Videoaufzeichnungen wurden nachträglich mit Hilfe der Spielanalysesoftware utilius® vs handball ausgewertet. Zusätzlich zur Auswertung wurden die offiziellen Spielberichtsbögen der IHF genutzt.
Aus den Spielprotokollen, die auf der Grundlage des Handball-Scouting-Systems der Fa. ST Sportservice (Leipzig) erstellt wurden, können zur Kontrolle alle relevanten Merkmale der Angriffs- und Abwehrleistung extrahiert werden, die für die Analyse der Spielleistung ergänzend von Belang sind. Die Zuverlässigkeit der Beobachtungsdaten liegt nach einer Selbstauskunft der Firma ST Sportservice bei ca. 95 % (Pabst et al., 2012).

6 Diskussion der Hypothesen

Ziel der vorliegenden Arbeit war es, die Angriffs- und Abwehrleistung als separate, aber auch zusammenhängende Spielleistung zu erfassen und in Bezug zum Erfolg zu untersuchen.

Im Speziellen wurde danach gefragt, was „Spitzenmannschaften" auszeichnet, eine gute Angriffs- oder eine gute Abwehrleistung, oder beides? Zudem wurde danach gefragt, ob es stimmt, dass der Angriff einzelne Spiele gewinnt, während die Abwehr dafür verantwortlich ist, Meisterschaften oder auch Turniere zu gewinnen?
In den Ergebnissen der für diese Arbeit (siehe Abb. 1) untersuchten sieben Spiele der deutschen Männernationalmannschaft bei der WM 2013 in Spanien lassen sich in der Angriffsleistung bedeutsame Unterschiede zwischen Siegern und Verlierern feststellen (Yamada et al., 2014).

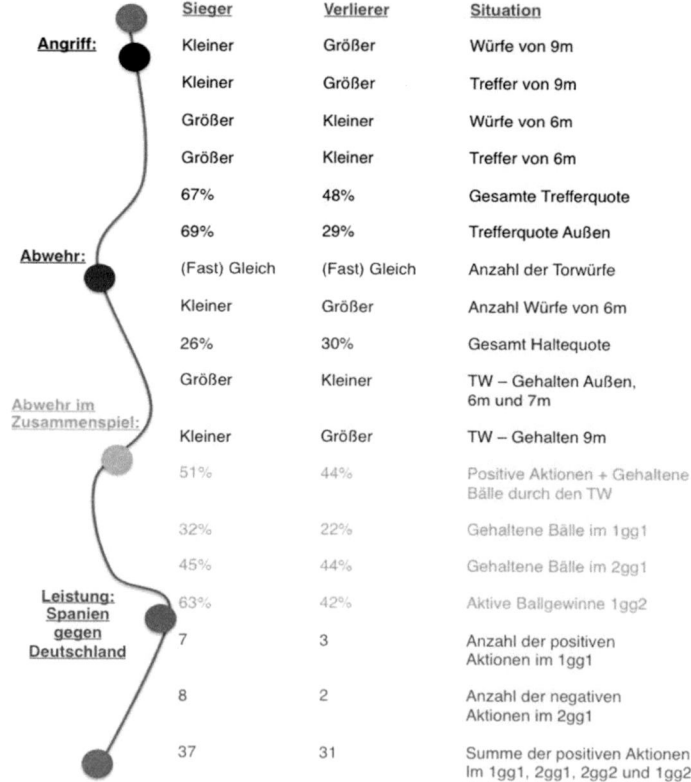

Abb. 1: „Roter" Faden durch die Diskussion der Ergebnisse.

Hypothese 1: Erfolgreiche Mannschaften zeichnen sich durch eine größere Effektivität im Angriff aus.

Die 1. Hypothese kann angenommen werden. Die Gewinner von Spielen weisen zum einen eine signifikant höhere Gesamtanzahl an Würfen und eine höhere Anzahl an 6 m-Würfen bei höherer Treffereffektivität auf. Zum anderen ist die Trefferquote von außen signifikant höher als bei den Verlierern, was sich auch in einer höheren Haltequote der Torhüter der Sieger bei Würfen von außen zeigt.

Demgegenüber haben Verlierer öfter von 9 m geworfen und getroffen, wobei die Trefferquote nahezu identisch ist. Auffällig ist hierbei, dass die Torhüter der Verlierer bei Würfen von 9 m eine deutlich höhere Haltequote aufweisen als die Torhüter der Sieger.

Gerade im Spiel Spanien gegen Deutschland zeigten sich spielentscheidende Unterschiede in den Spielsituationen 1gg1 der Außenspieler mit den Torhütern und bei freien Würfen im Gegenstoß oder von außen. Gerade diese wichtigen Kooperationen haben die spanische Mannschaft gegenüber der deutschen Mannschaft häufiger genutzt und ihre Siegchancen durch eine hohe Effektivität im Angriff verbessert. Die erzielten Ergebnisse in den Angriffsleistungen von Verlierern und Gewinnern decken sich mit den Erkenntnissen aus anderen Untersuchungen (siehe dazu u. a. Chelly et al., 2011; Gruic et al., 2006; Yamada et al., 2014; Yiannakos et al., 2005).

Hypothese 2: Es besteht ein bedeutsamer Zusammenhang zwischen der Angriffsleistung und der Abwehrleistung von erfolgreichen Mannschaften.

Die in der Arbeit aufgestellte 2. Hypothese kann nicht bewiesen werden. Ein statistisch bedeutsamer Unterschied zwischen Gewinnern und Verlierern eines Spiels konnte nicht errechnet werden. Möglicherweise zeichnet es Sieger aus, Schwächen der Abwehr auszunutzen, durchzubrechen und somit einfachere Tore zu erzielen. Dafür spricht die geringere Haltequote der Torhüter der Verlierer bei 6 m-Würfen sowie die höhere Wurf- und Trefferquote der Sieger von 6m. Solange die Abwehr kompakt steht, können die Torhüter der Verlierer Bälle aus dem Rückraum besser halten als die Torhüter der Sieger (vgl. Grage, 2008). Außerdem werfen die Verlierer insgesamt öfter von 9 m aufs Tor, was vermutlich dafür spricht, dass die Abwehr der Sieger weniger Würfe von 6 m zugelassen hat als die der Verlierer. Unterstützt wird diese Annahme durch eine höhere absolute Anzahl von gepfiffenen Strafwürfen für die Verlierer, was im Umkehrschluss bedeutet, dass die Verlierer ein schlechteres Zweikampfverhalten in den unterschiedlichen Spielsituationen zeigen. Des Weiteren ist die höhere Trefferquote der Sieger von außen (69 %) prägnant. Verlierer verwandeln im Gegensatz dazu lediglich 29 % ihrer Würfe von außen, bei fast gleicher absoluter Anzahl der Würfe von außen (34 bzw. 35). Vermutlich sind dafür zum einen die Halteleistung der Torhüter von gewinnenden Mannschaften und zum anderen das konsequente Ausnutzen der Angreifer (Gewinner) gegen den Torhüter verantwortlich.

Diesbezüglich betont Heuberger (2014), dass Spieler von ihren Spielpositionen insbesondere durch ihre individuelle Qualität ernsthaft mit sich bietenden Torchancen umgehen müssen.

Ebenfalls prägnant für eine gute Abwehrleistung ist der statistisch bedeutsame Unterschied in der Haltequote der Torhüter zwischen Gewinnern und Verlierern. Neben der höheren Haltequote bei Würfen von außen erzielten die Gewinner in nahezu allen Abwurfsektoren höhere Wurfeffektivitäten, was als ein Zeichen für gute Halteleistungen der Torhüter gewertet werden kann. Bei Würfen von 9 m zeigen die Ergebnisse, dass die Verlierer öfter werfen und prozentual häufiger vom 9 m getroffen haben, wobei insgesamt die Trefferquote identisch ist. Auffällig ist hierbei, dass die Torhüter der Gewinner bei Würfen von 9 m eine deutlich höhere Haltequote aufweisen als die Torhüter der Sieger, was den Ergebnissen aus anderen Studien entspricht (siehe u. a. Pabst et al., 2012). Möglicherweise zeichnet es Sieger aus, die gegnerische Abwehr in Bewegung zu bringen und sie zu Fehlern zu zwingen, durchzubrechen und somit den Torwart mehr zu fordern. Dafür spricht die geringere Halteleistung der Torhüter der Verlierer bei 6 m-Würfen sowie die höhere Wurf- und Trefferquote der Sieger von 6 m. Unterstützt wird diese Annahme durch die Kooperation in der Abwehr entsprechend der unterschiedlichen Spielsituationen.

Die Spielsituationen 2gg2 löst die Abwehr der Sieger effektiver, was sich in der erzielten höheren Anzahl an Ballgewinnen widerspiegelt. Im Gegensatz dazu ist der Angriff der gewinnenden Mannschaft in der Lage, die Verlierer zu mehr negativen Abwehrhandlungen in 2gg2-Aktion zu zwingen. Die Gewinner schaffen es demnach häufiger die Abwehr des Gegners so zu bespielen, dass einfache Tore erzielt bzw. progressive Bestrafungen (2 Minuten) und/oder 7m zu provoziert werden. Die gleichen Ausprägungen zeigten sich auch im Spiel Spanien gegen Deutschland.

So war symptomatisch für das Spiel, dass Spanien in der Lage war, Abwehraktionen insbesondere in 2gg2-Situationen positiv zu gestalten (15 ESP zu 14 GER), dabei konnte die deutsche Mannschaft zu einer größeren Anzahl an Fehlern gezwungen werden (14 ESP zu 17 GER), wofür gerade das Zusammenspiel der Rückraumspieler mit dem Kreisspieler – Julen Aguinagalde – verantwortlich war. Zusätzlich zur guten Abwehrleistung im Zusammenspiel 2gg2 ermöglichte eine bessere Chancenauswertung in der Positionsspezifik den Erfolg der spanischen Mannschaft.

Trotz des nicht bedeutsamen Zusammenhanges zwischen der Angriffsleistung und der Abwehrleistung zeigen sich in den erzielten Ergebnissen direkte Abhängigkeiten. Vor allem schaffen es gewinnende Mannschaften, durch wirkungsvolle Angriffsaktionen die Abwehr zu mehr Fehlern zu zwingen, was sich in Toren bzw. in einer progressiven Bestrafung verdeutlicht. Hauptursachen für zugelassene Torwürfe bzw. erhaltene Bestrafungen sind, wie schon Klein et al. (1983) vermuteten, fehlerhaftes Ein- oder Nachrücken und ein nicht rechtzeitiges Heraustreten an den Werfer. Gleichfalls ist ein zu spätes Agieren bzw. Reagieren verantwortlich für ein schlechtes Stellungsspiel in der Abwehr. Allerdings kann auch bemerkt werden, dass eine vergleichsweise höhere Anzahl an negativen Abwehraktionen durch eine sehr gute Haltequote der Torhüter durchaus kompensiert wird (vgl. Rogulj et al., 2005; Rogulj & Srhoj, 2003).

Hypothese 3: Die Abwehrleistung muss als Interaktion zwischen Abwehrspielern und Torhüter gesehen werden.

Auch die 3. Hypothese konnte in den erzielten Ergebnissen nicht bestätigt werden. Es gab lediglich bedeutsame Unterschiede in den Haltequoten von siegreichen Torhütern, jedoch nicht in den positiven bzw. negativen Abwehraktionen von Gewinnern und Verlierern, was den Ergebnissen von anderen Untersuchungen entspricht (Pabst et al., 2012; Schlegel et al., 1995b). Es bleibt also weiterhin zu vermuten, dass, solange die Abwehrspieler kompakt stehen, die Torhüter der Verlierer Bälle aus dem Rückraum besser halten können als die Torhüter der Sieger. Außerdem werfen die Verlierer insgesamt öfter von 9 m aufs Tor, was dafür spricht, dass die Abwehr der Gewinner weniger Würfe von 6 m zugelassen hat als die der Verlierer.
Dieses wird durch die besseren Ergebnisse – aber nur tendenziell, nicht signifikant – in der Kooperation zwischen Abwehrspielern und Torhüter 1gg1 und 1gg2 untermauert. Diese Vermutungen unterstreichen, dass die Abwehrleistung immer in Kooperation zwischen Torhüter und Abwehrspielern erfolgt. Gleichfalls sind die separaten Teilleistungen aus aktiven Ballgewinnen sowie geblockten Bällen durch die Abwehrspieler, aber auch die Haltequote des Torhüters leistungsbestimmend für den Spielerfolg.

7   Zusammenfassung und Fazit

Bei den analysierten sieben Spielen der deutschen Männer-Nationalmannschaft bei der WM 2013 in Spanien lässt sich zusammenfassend Folgendes festhalten:
Die erfolgreichen Mannschaften schaffen es, mit einer höheren Wurfeffektivität im Angriff zu agieren sowie häufiger die Abwehrformationen der Verlierer zu knacken und sich so Wurfsituationen von 6 m zu erarbeiten. Dieses setzt gerade im individuellen Bereich eine gute Zweikampfstärke, Beinarbeit, Athletik und clevere Zweikampfführung voraus (vgl. Heuberger, 2014). Die individuelle Qualität der Angreifer ist bei großen Turnieren weiterhin sehr hoch und zwingt die Gegner, durch geeignete Abwehrstrategien darauf zu antworten.
Eine Tendenz zu offensiven-aktiven 6:0-Abwehrformationen ist in der Weltspitze hierbei zu beobachten. Den Angriff aktiv durch flexible Spielweisen unter Druck zu setzen ist nicht nur beim späteren Weltmeister Spanien zu beobachten. Auch Martin Heuberger beschreibt dieses in seiner späteren WM-Analyse im Handballtraining mit den Sätzen:

„Was die heute international so wichtige taktische Flexibilität im Abwehrspiel betrifft, sind wir ein gutes Stück weitergekommen. Je nach Stärken des Gegners gelangen die taktische Anpassungen der 6:0-Abwehr jeweils recht gut, auch taktische Umstellungen im Turnierverlauf erwiesen sich in der Regel als erfolgreich (Heuberger, 2013, S. 6)."

Flexibles und aktives Abwehrspiel setzt aber auch eine hohe individuelle Zweikampfstärke voraus. In diesen Bereich sind noch Entwicklungsfelder im deutschen Spiel zu erkennen und es gelangen den Gegnern zu viele Durchbrüche im Spiel „Mann zu Mann", wie Paul Landurè (Führender Nachwuchstrainer in Frankreich) es beschreibt (Landuré, 2013). Mit Frankreich, Kroatien und Spanien kann man drei Trendsetter in der Weiterentwicklung des modernen Abwehrverhaltens nennen. Gerade in der individuellen Ausbildung von talentierten Nachwuchsspielern sind diese Nationen seit Jahren Vorbilder für viele Handballnationen.

Aktives und flexibles Handballspiel braucht eine hohe individuelle Qualität der Spieler. Zweikämpfe zu gewinnen und sich so Stellungvorteile zu erarbeiten ist im modernen Handball von immer größerer Bedeutung. Spanien löste im WM-Spiel gegen Deutschland die Interaktionen vermehrt positiver und konnte so das Spiel letztlich für sich entscheiden. Zielstellung muss es demnach sein dieses zu verändern und die Kooperationen in der Abwehr in Zukunft durch verbesserte und angepasste Trainingsinhalte in der Mehrzahl zu gewinnen, um die eigenen Spielziele umzusetzen.

„Das entscheidende Moment, das die Sportspiele von anderen Sportartengruppen unterscheidet, ist der Interaktionsprozess, in den die beiden Parteien eintreten. Durch Interaktion auf dem Spielfeld wird versucht, seine Spielziele durchzusetzen, und man verhindert, dass der Gegner sein Spielziel erreicht (Lames, 2000, S. 172)."

Spielziele können durch eine individuellere und differenziertere Nachwuchsausbildung bei den Feldspielern und auch bei den Torhütern erreicht werden, die in der Interaktion mit den Abwehrspielern doch eine entscheidende Rolle spielen. Für Henning Fritz und Wieland Schmidt (2005, S. 7) spielt der Torhüter eine herausragende Rolle im Kollektiv. Er ist Individualist in einem Team, Einzelkämpfer in einem Mannschaftsblock. Er ist die letzte Instanz!

Die eingangs gestellte allgemeine Frage „Der Angriff gewinnt Spiele, die Abwehr gewinnt Meisterschaften?" konnte mit der vorliegenden Studienarbeit nicht wissenschaftlich geklärt werden. Vor allem die quantitative Erfassung der Abwehrleistung, die sich aus den Abwehrhandlungen der Feldspieler ergibt, erwies sich als problematisch. In einer subjektiven Einschätzung der erhobenen quantitativen Ergebnisse ist dennoch festzustellen, dass die Abwehrleistung der Mannschaft ein entscheidender Faktor sowohl für den einzelnen Spielerfolg als auch schließlich für den Gesamterfolg eines Turnieres ist. Einerseits schafft es eine gute Abwehr, den Werfer in ungünstigen Wurfsituationen zu zwingen und in seiner Wurfqualität zu beeinträchtigen. Andererseits soll die Wurfeffektivität der Angreifer durch eine gute Kooperation zwischen Abwehrspielern und Torhüter verschlechtert werden. Eine stabile Abwehrleistung (Abwehrspieler + Torhüter) gibt zudem die nötige Stabilität in der jeweiligen Mannschaft für alle Abschlusshandlungen im Angriff sowie in der Abwehr. Auch im

Gesamtprozess eines Turniers scheint aus eigenen Erfahrungen heraus eine stabile Abwehr für viel Sicherheit zu sorgen und die Basis eines Titelgewinns zu sein. Die Abwehrleistung ist dabei als Fundament zu verstehen, da sie u. a. leichte Bälle gewinnt und einfache Tore aus dem Tempospiel heraus einleitet und erzielt. Zudem setzen gute Abwehrspieler den Gegner ständig unter Druck und zwingen Angreifer zu Fehlern bzw. ungünstigen Wurfpositionen. Wiederholt erzielte Fehler beim Gegner, aber auch provozierte Misserfolge bei Würfen können ebenfalls aus psychologischer Sicht erfolgsversprechend werden. Die eigenen Emotionen und die Begeisterung im Turnierverlauf steigen und drücken sich in zusätzlicher mentaler Stärke aus. Die Abwehr wird zum entscheidenden Merkmal einer erfolgreichen Mannschaft. Provozierte Fehler im Angriff durch die Abwehrarbeit sind als Motivation und nötiger Rückhalt zu sehen. Allerdings muss dazu angemerkt werden, dass eine gute Abwehr nur in Ergänzung mit einem sehr guten Torhüter funktioniert. Spitzenmannschaften wie Frankreich, Kroatien oder Spanien gelingt es in den letzten Jahren am besten, Turniere aus einer guten Abwehrleistung heraus erfolgreich zu beenden. Unter den Titelgewinnern der vergangenen internationalen Großereignisse finden sich folglich die oben genannten Mannschaften häufig wieder.

Auch Heiner Brand führte den Titelgewinn 2007 auf die sich steigernde Abwehrarbeit des deutschen Teams im Turnierverlauf zurück. Gleiches gilt auch für Spanien, das über eine kompakte Abwehr bei der WM 2013 verdient Weltmeister wurde.

8   Trainingspraktische Konsequenzen

Aus den gezeigten Ergebnissen und der Diskussion leiten sich für mich folgende trainingsmethodischen Konsequenzen ab:

„Primäres Ziel ist die Steigerung der individuellen Qualität der Spieler"

- Athletik -> Steigerung der Zweikampfstärke durch ...
  - o   Verbesserung der Beinarbeit,
  - o   Steigerung der Maximalkraft und der Schnellkraft,
  - o   Verbesserung der Gleichgewichtsfähigkeit,
  - o   Verbesserung der Beweglichkeit.
- Aktives Abwehrverhalten -> von der Jugend an lernen ...
  - o   Passwege unter Druck zu setzen,
  - o   den Gegenspieler flexibel mit Bewegungen zu täuschen/fintieren,
  - o   antizipativ zu agieren und aktive Ballgewinne zu provozieren/erzielen.
- Gegenstoßverhalten -> von der Jugend an lernen ...
  - o   High-Speed Handball im Umschalten zu spielen,
  - o   mit hoher Ballsicherheit zu agieren,
  - o   taktisch clever dem Gegner zu begegnen.

- Positionsangriff -> von der Jugend an lernen ...
  - o auch mal individuell agieren zu können,
  - o individuelle Stärken in der Kooperation einzusetzen,
  - o taktische Cleverness zu entwickeln,
  - o taktisch flexibel gegen unterschiedliche Abwehrformationen agieren zu können.
- Der Spieler -> Steigerung der psychischen Ressourcen
  - o mentale Stärken entwickeln,
  - o das RICHTIGE tun, wenn es wichtig ist.

Es muss in den nächsten Jahren im Deutschen Handballbund das Ziel verfolgt werden die individuelle Ausbildung der Talente zu steigern. Junge Talente sollten im Bereich der Zweikampfschulung verstärkt gefördert und gefordert werden. Als Fundament und spätere Säulen der verbesserten Athletik werden in der allgemeinen und spezifischen Ausbildung der Grundlagen noch Entwicklungspotenziale gesehen. Für eine gute Durchsetzungsfähigkeit in den Zweikampfsituation ist eine Steigerung in folgenden Bereichen langfristiger und gezielter aufzubauen: Maximal- und Schnellkraft, Beinarbeit, Gleichgewichtsfähigkeit und die Beweglichkeit der Spieler.

Um nicht nur die athletischen Leistungsvoraussetzungen in Zweikampfsituationen der Spieler zu steigern, sondern ihnen auch mehr Erfahrungen durch hohe Wiederholungszahlen mitzugeben, sollte im Nachwuchsbereich neben der jugoslawischen 3:2:1-Abwehrformation eine weitere offensive Abwehrformation geschult werden. Ziel muss dabei im Laufe der Ausbildung sein, neben einer Schulung von kooperativen Handlungen im Abwehrspiel viele Zweikampfsituationen geführt zu haben, um aus den häufigen Wiederholungen eigene Erfahrungen zu sammeln und so eine gewisse Erfahrung im Zweikampfverhalten zu entwickeln. Dieses würde sich vermutlich in der späteren Entwicklung positiv auf die Gesamtspielleistung, insbesondere im Abwehrspiel durch eine aktivere und antizipative Spielweise bemerkbar machen: Passwege angreifen, den Gegner ständig mit eigenen Aktionen täuschen und so schon im Abwehrspiel aktiv zu mehr Ballgewinnen zu kommen. Dies führt auch im Gegenstoßverhalten und im Angriffsspiel zu einer Leistungssteigerung. Die Spieler könnten auch im Angriff vermehrt Spielsituationen individuell lösen, Zweikämpfe gewinnen und so Stellungsvorteile für ihre Würfe erarbeiten.

Ein zusätzlicher Nebeneffekt wäre, dass die Angriffsleistung an Flexibilität und Variabilität hinzugewinnt. Insbesondere 1gg1-Aktionen, Wurfsituationen sowie kooperative Spielhandlungen könnten für den Gegner variabler entsprechend der Spielsituation angewendet werden.

Weiterhin muss es in der Perspektive gelingen, Spieler mit ausgeprägten Besonderheiten (gute Technik, Variabilität) auszubilden und entsprechend der deutschen Spielphilosophie einzusetzen, um für Gegner auch im Angriff unberechenbarer zu sein. Zudem sollte jeder Spieler ein Repertoire an Spielhandlungen besitzen, um situationsadäquat reagieren zu können.

Viele Sportspiele bei Deutschen-, Europa- oder Weltmeisterschaften werden im Jugend-, Junioren- oder Seniorenbereich häufig in den letzten Spielminuten entschieden. Dabei ist oft festzustellen, dass zwischen „Erfolg" und „Misserfolg" nur Nuancen liegen. Gerade Mannschaften mit einem gut entwickelten Zweikampfverhalten und Spielern mit hoher individueller Klasse auf ihren Spielpositionen treten selbstbewusst (mentale Stärke) und mit größerem Selbstvertrauen auf. Dieses sollte auch ein weiteres Ziel in der Ausbildung von talentierten Nachwuchsspielern des deutschen Handballbundes sein. Es gilt Spieler zu entwickeln, die in der Lage sind, Körper und Geist richtig einzusetzen nach dem Motto: Das richtige tun, wenn es wichtig ist!

9   Literatur

Böttcher, G. (1998). *Die Bedeutung der konditionellen Fähigkeiten im Hallenhandball.* Kassel: Universitätsbibliothek Kassel.

Brack, R. (2002). *Sportspielspezifische Trainingslehre. Wissenschafts- und objekttheoretische Grundlagen am Beispiel Handball.* Hamburg: Czwalina.

Chelly, M. S., Hermassi, S., Aouadi, R., Khalifa, R., van den Tillaar, R., Chamari, K., et al. (2011). *Match Analysis of Elite Adolescent Team Handball Players.* Journal of Strength & Conditioning Research, 25(6), 2410-2417.

Grage, W. (2008). *Handballtraining* (4. Auflage Band). Aachen: Meyer & Meyer Verlag.

Gruic, I., Vuleta, D. & Milanovic, D. (2006). *Performance indicators of teams at the 2003 men's world handball championship in Portugal.* Kinesiology, 38(2), 164-175.

Heuberger, M. (2004a). *5:1-Abwehr gegen Übergänge.* Handballtraining, 26(1-6).

Heuberger, M. (2013). *Gegneranalyse und strategische Ausrichtung.* Handballtraining, 35(4), 6-15.

Heuberger, M. (2014). *Flexibles Spiel braucht individuelle Qualität. EM-Analyse (Teil 1): Abwehr.* 36, 3(6-13).

Hohmann, A. & Brack, R. (1983). *Theoretische Aspekte der Leistungsdiagnostik im Sportspiel.* Leistungssport, 13(2), 5-10.

Hohmann, A., Kolb, M. & Roth, K. (2005). *Handbuch Sportspiele.* Schorndorf: hofman.

Lames, M. (1994). *Systematische Spielbeobachtung.* Münster: Philippka.

Lames, M. (2000). *Modellbildung in den Sportspielen – Stand und Herausforderungen.* In A. Baca (Hrsg.), Computer Science in Sport (S.170-183). Wien: öbv & hpt.

Landuré, P. (2013). *Dauerdruck auf den Angriff.* Handballtraining, 35(3), 9-15.

Pabst, J., Büsch, D., Jensen, H., Heuberger, M. & Pfänder, J. (2012). *Weltstandsanalyse zum internationalen Spitzenhandball anhand der Olympischen Spiele 2000 bis 2012.* Zeitschrift für Angewandte Trainingswissenschaft, 19(2), 35-62.

Petersen, K.-D. (2005). *3:2:1-Abwehr - das zentrale Abwehrsystem in der DHB-Förderung.* Handballtraining, 27(5+6), 4-12.

Prudente, K., Garganta, J. & Anguera, T. M. (2010). Methodological approach to evaluate interactive behaviors in team games: an example in handball. In E. Barakova, B. de Ruyter & A. Spink (Hrsg.), *MB '10 Proceedings of the 7th International Conference on Methods and Techniques in Behavioral Research* (Band 41). New York: ACM New York.

Rogulj, N., Papić, V. & Srhoj, V. (2005). *Optimierung der Position des Handballtorwarts.* Leistungssport 56(4), 50-54.

Rogulj, N. & Srhoj, V. (2003). *Wie beeinflusst die Torwurfrichtung das Spielergebnis im Spitzenhandball.* Leistungssport(1), 50-53.

Rogulj, N., Srhoj, V. & Srhoj, L. (2004). *The contribution of collective attack tactics in differentiating handball score efficiency.* Collegium Antropologicum, 28(2), 739-746.

Roth, K. (1989). *Taktik im Sportspiel. Zum Erklärungswert der Theorie generalisierter motorischer Programme für die Regulation komplexer Bewegungshandlungen.* Schorndorf: Hofmann.

Schlegel, N. & Gert, S. (1987). *Zur Erfassung, Bewertung und Darstellung der Wettkampfleistung im Entwicklungsverlauf in der Sportart Handball unter trainingsmethodischen und eignungsdiagnostischen Aspekten.* Theorie und Praxis Leistungssport, 25(10), 69-82.

Schlegel, N., Nowak, M. & Jeanichen, D. (1994). *Männer EM 1994 - Rückblicke, Analysen, Konsequenzen.* Handballtraining, 16(10), 29-35.

Schlegel, N., Nowak, M. & Jeanichen, D. (1995a). *Männer EM 1994 - Rückblicke, Analysen, Konsequenzen.* Handballtraining, 17(2), 27-31.

Schlegel, N., Nowak, M. & Jeanichen, D. (1995b). *Männer EM 1994 - Rückblicke, Analysen, Konsequenzen.* Handballtraining, 17(1), 24-29.

Sichelschmidt, P. & Klein, G. D. (1983a). *Spielbeobachtung als Maßnahme zur Verbesserung der Spielsteuerung.* Lehre und Praxis des Handballspiels, 5(1/2), 11-15.

Sichelschmidt, P. & Klein, G. D. (1983b). *Analyse des Angriffspiels bei der B-WM 1983.* Lehre und Praxis des Handballspiels, 5(3), 19-21.

Yamada, E., Aida, H., Fujimoto, H. & Nakagawa, A. (2014). *Comparison of Game Performance among European National Women's Handball Teams.* International Journal of Sport and Health Science.

Yiannakos, A., Sileloglou, P., Gerodimos, V., Triantafillou, P., Armatas, V. & Kellis, S. (2005). *Analysis and comparison of fast break in top level handball matches.* International Journal of Performance Analysis in Sport, 5(3), 62-72.

Zenk, D. (2013). *Dormagen feiert dritten Saisonsieg beim Neusser HV.* Zugriff am 22.09.2013 unter http://www.handball-world.com/o.red.c/news-1-1-60-51233.html.

Die Athletiktrainerausbildung des DOSB an der Trainerakademie Köln

Thorsten Ribbecke

1 Hintergrund und Problemstellung

Am 4. August 2010 wurde an der Trainerakademie ein Workshop zur Entwicklung und Vorbereitung einer Athletiktrainerausbildung für die Spielsportarten durchgeführt. Ziel war die Entwicklung einer qualitativ hochwertigen Ausbildung von Athletiktrainerinnen und Athletiktrainern in den Spielsportarten. Bereits ein Jahr später, im Jahr 2011, fand der erste Durchgang dieser jungen Ausbildung statt – mit einigen Anlaufschwierigkeiten, aber auch wichtigen Erfahrungen, die zur Weiterentwicklung der Ausbildung beitrugen. Inzwischen ist die Ausbildung fester Bestandteil der Trainerausbildung in Köln und geht in diesem Jahr in ihre bereits vierte Folge.

Sie wendet sich an Trainer/-innen, die im Athletiktraining des Leistungs- und gehobenen Nachwuchsleistungssports tätig sind. Gemäß dem vorgesehenen Einsatz entspricht das Ausbildungsniveau der verbandlichen A-Trainer-Ausbildung, spezialisiert sich aber inhaltlich auf das Athletiktraining (vgl. Abb. 1).

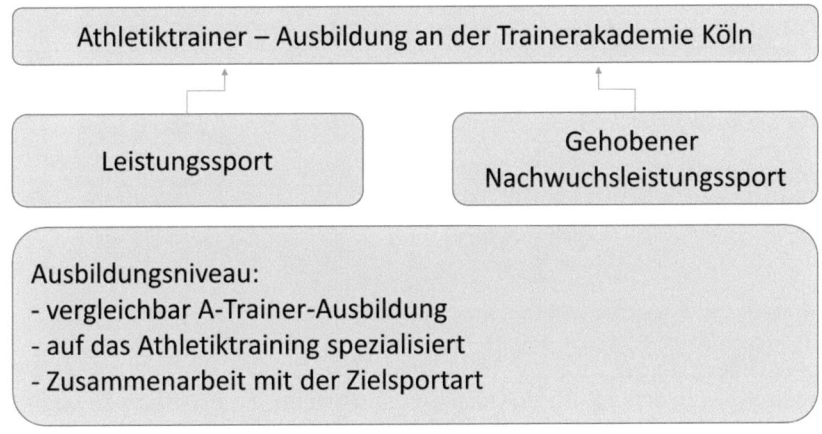

Abb. 1: Zielgruppe der Athletiktrainerausbildung

2 Aufbau und Struktur

Ziel der Ausbildung ist, die Trainerinnen und Trainer zu befähigen, das Athletiktraining inhaltlich auf das Anforderungsprofil einer Sportart auszurichten und die Bereiche Prävention, Rehabilitation und Leistungssteigerung nach diagnostischen Maßnahmen auszuwerten, zu planen und durchzuführen. In Theorie und Praxis werden Gesundheitsmanagement, Psychologie, Diagnostik, Bewegungsqualität, Training der Energiebereitstellung, Kraft, Mobilität, Stabilität sowie Zielbewegungen in Sprint, Sprung, Wurf, Schlag oder Agilität behandelt (vgl. Abb. 2).

Abb. 2: Inhalte der Athletiktrainerausbildung schematisch dargestellt.

Der Ausbildungsumfang beträgt 150 Lerneinheiten in fünf Modulen mit zentralen Lehrveranstaltungen zzgl. 30 individuellen Lerneinheiten im Praktikum (sportartspezifische Umsetzung, Absprache mit und Betreuung durch den jeweiligen Fachverband). Die Ausbildung schließt mit einer Prüfung, die aus einer Lehrprobe und einer mündlichen Prüfung besteht, ab. Ein qualifizierter Praktikumsbericht ist Voraussetzung für die Zulassung zur Prüfung, er muss zur letzten Lehrgangsfolge vorliegen. Die Prüfung erfolgt dezentral in den Sportarten nach der letzten Lehrgangsfolge und wird von Vertretern der Trainerakademie, in der Regel zusammen mit einem Verbandsvertreter, abgenommen.

RIBBECKE: Die Athletiktrainerausbildung an der Trainerakademie Köln

Einer der wichtigsten Punkte der Ausbildung stellt das *Program Design* dar. Hier werden alle Teilbereiche zusammengeführt und in Bezug auf Struktur, Periodisierung und Steuerung ausgerichtet (vgl. Abb. 3).

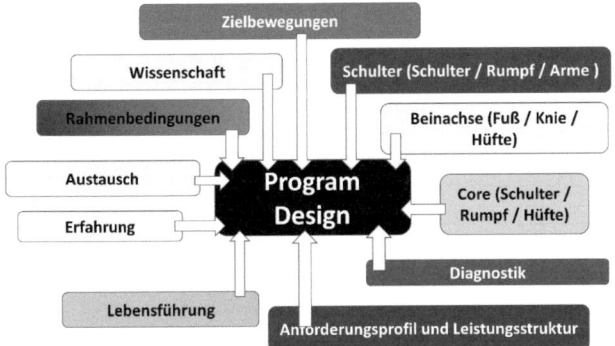

Abb. 3: *Program Design* als zentrale Schnittstelle.

In der Ausbildung zum *Athletiktrainer des DOSB der Trainerakademie Köln* werden in der Lehre ausschließlich Referenten und Experten, die noch aktiv mit Teams oder Sportlern im Leistungssport arbeiten, eingesetzt. Damit wird der konkrete Praxisbezug, als ein wichtiger Baustein der Ausbildung, sichergestellt. Beispielsweise betreuen die Dozenten Klaus Baum (Ausdauer, Anpassungserscheinungen) und Martin Zawieja (Krafttraining) jeweils Nationalteams, Gerrit Keferstein (Program Design) ist mit seinem Team für das Athletiktraining der Kölner Haie zuständig, Thorsten Ribbecke trainiert als Athletiktrainer die HSG Wetzlar und Gregor Stumpf kümmert sich an der Mediapark Klinik als Leiter des Rehabilitationstrainings um verletzte Hochleistungssportler.

Die Inhalte der Ausbildung wurden in den letzten vier Jahren den modernen Anforderungen im Leistungssport angepasst und die Ausbildung um ein Modul auf nun fünf Module erweitert. Der modulare Aufbau erlaubt es den Teilnehmern, ihre Ausbildung zu strecken. Die Erfahrung hat gezeigt, dass dieses variable Ausbildungssystem Trainer/innen im Leistungssport zugutekommt, da es oft nicht möglich, ist an allen angesetzten Lernmodulen innerhalb eines Jahres teilzunehmen.

3 Teilnehmervoraussetzungen

Interessenten, die sich zur Ausbildung anmelden möchten, müssen folgende Voraussetzungen erfüllen:

- Besitz einer gültigen DOSB-A-Trainer-Lizenz Leistungssport mit klarem Bezug zur Athletik (z. B. Leichtathletik oder Gewichtheben) oder in der zugeordneten Spielsportart,

- ODER sportwissenschaftlicher Hochschulabschluss mit Bezug zum Leistungssport UND nachgewiesener, mindestens dreijähriger Trainertätigkeit im Leistungssport (mind. Landeskader),

- ODER (Sport-) Physiotherapeut mit nachgewiesener, mindestens dreijähriger Betreuung von Leistungssportlern (mind. Landeskader) mit praktischer Trainingserfahrung.

Darüber hinaus muss eine Empfehlung durch den kooperierenden Bundesverband der Spielsportart vorgelegt werden, in der der Bezug zur Zielsportart (bereits erfolgende oder vorgesehene Tätigkeit in der Leistungsforderung des Verbandes, eines leistungsstarken Vereines oder eines OSP) dargelegt ist. Mittlerweile haben sich folgende 14 Sportarten der Ausbildung angeschlossen: Badminton, Basketball, Eishockey, Golf, Handball, Hockey, Karate, Leichtathletik, Rugby, Squash, Tischtennis, Triathlon, Volleyball und Wasserball.

Allerdings ist auch für die Athletiktrainer von Verbänden, die in dieser Liste noch nicht geführt werden, die Ausbildung offen. Voraussetzung: eine Befürwortung ihres Fachverbandes.

Nach erfolgreich bestandener Abschlussprüfung erhalten die Teilnehmer das DOSB-Athletiktrainer-Zertifikat für die jeweilige Sportart.

Erst seit kurzem besteht nun auch eine Kooperation mit der Physiotherapeutenausbildung des DOSB und der Verwaltungs-Berufsgenossenschaft, die das Niveau der Ausbildung im präventiven und rehabilitativen Bereich nochmals aufwerten soll.

In den vergangen 4 Jahren haben mittlerweile mehr als 40 Athletiktrainerinnen und -trainer an der Ausbildung erfolgreich teilgenommen, mit dabei so bekannte Namen wie Christian Marysko (Athletiktrainer Nationalmannschaft Golf), Marcus Busch (Athletiktrainer Nationalmannschaft Badminton), Eric Helm (Füchse Berlin), Carsten Fiedler (Physiotherapeut Deutsche Eishockey Nationalmannschaft) und Sten Schmidt (Berlin). Für 2015 ist die Ausbildung komplett ausgebucht und einige Trainer mussten sich schon für 2016 vormerken lassen.

RIBBECKE: Die Athletiktrainerausbildung an der Trainerakademie Köln

Die Techniken im Ringen

Lothar Ruch

1 Hintergrund und Problemstellung

Talente im Sport müssen langfristig aufgebaut und betreut werden. Für die Sportart Ringen heißt das nicht nur, die Talente zu gewinnen, zu interessieren und zu fördern, sondern auch sie zu erhalten und weiterzuentwickeln. Die systematische Entwicklung der Kinder und Jugendlichen im Ringen geht von einem langfristigen Leistungsaufbau aus, der sich an den entwicklungsgemäßen Besonderheiten der unterschiedlichen Altersgruppen orientieren muss. Ebenso müssen die Besonderheiten der Sportart Ringen bei der Gestaltung des Trainingsaufbaus berücksichtigt werden, und zwar so, dass in der sportlichen Entwicklung der Kinder kurzfristige Erfolge im Leistungssport nicht angestrebt werden. Eine frühzeitige Spezialisierung und einseitige Trainingsinhalte stellen bei entsprechendem Trainingsaufwand schnelle Erfolge in Aussicht, führen aber häufig zu einer Übersättigung und letztlich dazu, dass Talente, lange bevor sie ihre höchste Leistungsfähigkeit erreicht haben, den Leistungssport aufgeben (vgl. Ruch, 2012).

Es ist deshalb besonders hilfreich, wenn sich der Trainingsaufbau und das Wettkampfsystem auf eine stabile Grundmethodik des Leistungsaufbaus in der Sportart Ringen stützen können, die eine wiederholbare Leistungsentwicklung mit verschiedenen Sportlern bis in den internationalen Spitzenbereich ausweisen kann, ohne die Forderungen nach alters- und entwicklungsgemäßer Inhaltsgestaltung für die verschiedenen Altersgruppen zu vernachlässigen (vgl. Ruch, 2012).

Erfahrungsgemäß müssen sich die Trainingsinhalte der unterschiedlichen Altersgruppen an den Anforderungen im Hochleistungsbereich orientieren. Die Inhalte müssen alters- und entwicklungsbedingte Besonderheiten jeder Altersstufe berücksichtigen, gleichzeitig aber zwingend die Grundlagen für langfristige Leistungsfähigkeit im Erwachsenenalter legen. Das heißt nicht, dass im Kinder- und Jugendtraining ein reduziertes Erwachsenentraining einsetzen soll (vgl. Ruch, 2012).

2 Die Techniken im Ringen

Kennzeichnend für die Kampfsportart Ringen ist der unmittelbare „Hautkontakt" der Kämpfer. Außerordentlich wichtig ist es daher, dass die kinästhetischen und taktilen Informationssysteme systematisch entwickelt werden. Es ist bekannt, dass hochqualifizierte Ringkämpfer über ein sehr sensibles kinästhetisches und taktiles Empfinden verfügen, das nicht nur einen ökonomischen Einsatz der körpereigenen Energien ermöglicht, sondern die Grundlage der technisch-taktischen Leistungsfähigkeit bildet. Es ist ebenfalls bekannt, dass Spitzenringer über ein sehr gut entwickeltes

Gleichgewichtssystem verfügen, was innerhalb der Kampfhandlungen besonders wichtig ist (vgl. Ruch, 2012).

Die Angriffs- und Verteidigungshandlungen jedes Ringers sind immer darauf ausgerichtet, das Gleichgewicht des Gegners zu stören oder zu brechen bzw. das eigene Gleichgewicht zu stabilisieren. Die Rahmenvorgaben der ersten Förderstufe, der Grundausbildung, weisen schon die Aufgabe aus, diese für die Kampfsportart Ringen charakteristischen Fähigkeiten zu entwickeln und die Basis für das Erlernen von technisch-taktischen Handlungen zu legen (vgl. Ruch, 2012).

Bereits in der Grundlagenentwicklung im Kinder- und Jugendtraining steht das Erlernen der *Grundtechniken* als technisches Basisrepertoire im Mittelpunkt und gilt als ein Haupttrainingsschwerpunkt. Diese Grundtechniken werden im Verlauf der Trainingsjahre im Nachwuchstraining verfeinert und weiterentwickelt.

Grundtechniken werden in allen drei Phasen der Angriffstechniken (Vorbereitungs-, Haupt-, Endphase) sichtbar und stehen mit dem individuellen technisch-taktischen und strategischen Angriffsplan (Technik-Angriffskonzeption) in Verbindung (vgl. Abb. 1.).

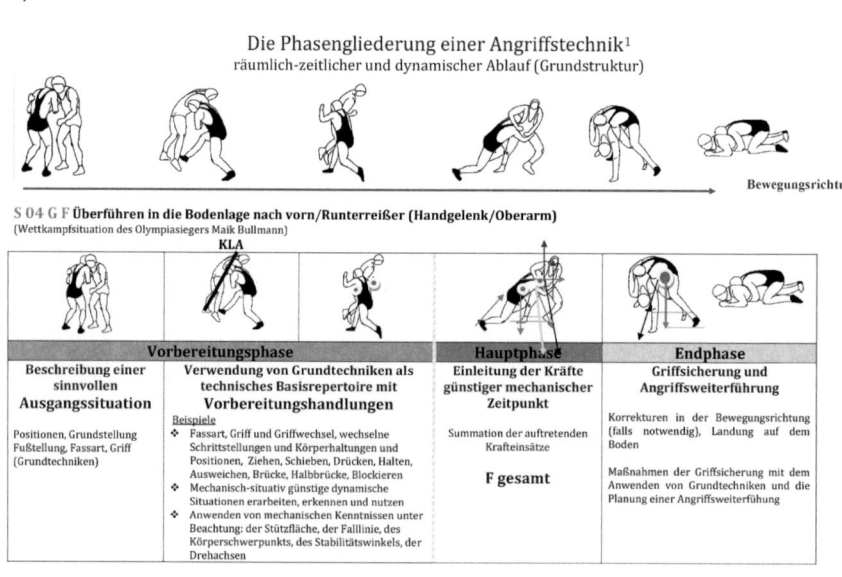

Abb. 1: Die Phasengliederung einer Angriffstechnik

Die Grundtechniken in den Phasen einer Angriffstechnik sind:

- Grundstellung,
- Position (Ausgangsstellung), bezogen auf die Körperhaltung (aufrecht oder gebeugt), den Abstand zum Gegner und die Schrittstellungen/Schrittfolgen,

- Bewegungen mit den Händen und Armen (Abtasten, Kontakt aufnehmen, Kräfte erspüren),
- variable Veränderungen der Fußstellungen; Schritte und Schrittfolgen (Ausfallschritt, parallele Fußstellung; Sprung, Fleché-Überholschritt, Seitschritt, Rückschritt; Rotationsschritt),
- Fassarten,
- Griffe und Griffansätze,
- individuelle Griffe/Spezialgriff,
- Gemeinsamer Griff mit dem Gegner,
- Griffvorteil schaffen (den Griff und die Grifffolge sichern),
- Bewegungen und Handlungen für das Erreichen eines Griffs (mit/ohne Fassart) oder einer Griffkombination,
- Fassarten und Griffe sichern und kontrollieren, wechselndes Fassartenverhalten (Erfüllung von „Aktivitätskriterien" – Pushing; „Dominanz der Fassarten und Griffe" sowie Veränderung der Griffe),
- unterschiedliche Griffe (mit/ohne Fassart), deren Wechsel und Variationen, um eine günstige dynamische Situation zu schaffen,
- Kombinationen von Fassarten und Griffen als Kraftübertragungspunkte mit Händen/Armen und mit den Beinen (z. B. beim Beinhakeln, aber auch beim „Fußfeger" oder der „Innensichel"),
- wechselnde Körperstellungen und Veränderung der Kampfhaltung mit z. B. Drehungen, Ausweichen, Meidbewegungen, Beseitigungsbewegungen, Abducken, Aufrichten und Umgehungsbewegungen,
- Bewegungen zum Stören des Gleichgewichtes des Gegners (z. B. Ziehen, Schieben, Ausweichen, Druck aufbauen) und Stabilisation und Erhalt des eigenen Gleichgewichtszustandes (Drehungen, Ausweichen, Meidbewegung, Beseitigungsbewegungen, Abducken, Aufrichten, Umgehungsbewegungen, wechselnde Körperstellungen),
- Aktivitäten des Gegners stören und behindern,
- Einschränken der Verteidigungsmöglichkeiten des Gegners (Festhalten und Blockieren).

Die Vielfältigkeit der *Angriffstechniken* eines Ringers mit individuellen Ausprägungen ist mit den Bewegungsanforderungen vieler anderer Sportarten nicht vergleichbar. Im internationalen Spitzenbereich lassen sich nur dann entsprechende Anpassungen im Training realisieren, wenn die Voraussetzungen für die Variabilität im Training der Kinder und Jugendlichen gelegt wurden.
Es gibt eine Vielzahl von *Angriffstechniken* im Ringen für die Stilarten griechisch-römischer Stil (Männer) und Freistil (Männer und Frauen). Eine aktuelle, also auch neue technische Entwicklungstrends berücksichtigende Übersicht zu den wichtigsten Angriffstechniken im Ringen stand den Trainern, Sportlern und Ringkampfexperten bisher nicht zur Verfügung.

3   Erstellung von Technikkatalogen

Abb. 2: Cover des Buches die Techniken im Ringen

Das Buch *Die Techniken im Ringen* (vgl. Abb. 2) soll hier Abhilfe schaffen. In einem ersten Schritt wurde mittels einer Literatur- und Praxisrecherche ein Überblick über die Angriffstechniken, die erfolgreich im Wettkampf angewendet wurden und werden, geschaffen. Es entstand eine zunächst nicht sortierte Liste der wichtigsten Angriffstechniken im Ringen, welche im deutschen Sprachraum, aber auch in der internationalen Literatur zu finden waren. In weiteren Arbeitsgängen folgte die Durchsicht und Identifizierung der aufgelisteten Angriffstechniken. In der nicht sortierten Liste der Angriffstechniken waren einzelne Techniken aufgeführt, deren Bezeichnung ihren Ursprung im 19. Jahrhundert hat (Untergriff) oder aber auf international erfolgreiche Ringer zurückzuführen ist (Saitiev). Andere Namen von Angriffstechniken waren regional entstandene „Selbsterfindungen" (Talfallzug), in Umgangssprache formulierte Begriffe (z. B. Hirsch, Brustquetsche, Elektrischer) oder in anderen Sprachen verfasste Namen. Bei der Identifizierung der Angriffstechniken wurden die mehrfach unter unterschiedlichen Namen genannten Techniken aus dieser Liste gestrichen bzw. ein Technikname festgelegt.

Somit wurden die Technikbezeichnungen reformiert und die Angriffstechniken in ein neues Struktursystem eingeordnet. Jeder Angriffstechnik wurde eine deutschsprachige Bezeichnung zugeordnet, für deren Auswahl das jeweilige Technikleitbild und die mechanischen Besonderheiten maßgebend waren.

Eine einheitliche Bezeichnung (in deutscher Sprache) für die Angriffstechniken ist notwendig, damit sowohl die Trainer als auch die Athleten zukünftig den gleichen Sprachgebrauch verwenden können (Fachsprache im Ringen). Diese Forderung ist insbesondere für die Didaktik und Methodik bei der Vermittlung von Angriffstechniken eine Grundvoraussetzung. Mit der Neuordnung der Angriffstechniken erfolgte nun eine Auslese und Ordnung der wichtigsten Angriffstechniken im Ringen mit insgesamt 136 Techniken (89 Standtechniken und 47 Bodentechniken), die auf drei Technikkataloge für die Ausbildungsetappen Grundausbildung, Grundlagentraining und Aufbautraining aufgeteilt wurden.

Die Neuordnung und die Festlegung von Begriffen (Techniknamen) für die aufgelisteten Angriffstechniken wurden anhand von unterschiedlichen Kriterien vorgenommen:

1. die Orientierung am Technikleitbild,
2. die Orientierung an mechanischen Merkmalen der Techniken,
3. die Verwendung von Beschreibungskriterien der Biomechanik,
4. die Einordnung in übergeordnete Strukturgruppen,
5. die etappenspezifische Einordnung nach dem Anspruchsniveau,
6. die Berücksichtigung didaktisch-methodischer Aspekte im Vermittlungsprozess,
7. die Verwendung von allgemeingültig anerkannten Fachbegriffen und Bezeichnungen,
8. die sinnvolle Übernahme „traditioneller" Bezeichnungen,
9. die Namensgebung nach Weltklasseathleten,
10. die Berücksichtigung von beiden Stilarten,
11. die Berücksichtigung der Disziplinen Freistil Frauen und Männer sowie griechisch-römischer Stil Männer.

Die Technikkataloge der Angriffstechniken im Ringen sind eine Richtlinie für das Techniktraining im Nachwuchstraining. Gleichfalls sind sie auch Ausbildungs- und Orientierungsgrundlage für die Traineraus- und -weiterbildung im Deutschen Ringerbund (DRB) mit dem Profil Trainer C Leistungssport/Breitensport (Etappen Grundausbildung 6 - 10 Jahre und Grundlagentraining 11 - 12 Jahre) sowie für die Traineraus- und -weiterbildung im DRB mit dem Profil Trainer B Leistungssport (Aufbautraining 13 - 14 Jahre).

Die Technikkataloge stellen darüber hinaus die Basis für die Lerninhalte im schulischen und außerunterrichtlichen Unterricht dar, sofern eine entsprechende Fortbildung des pädagogischen Personals erfolgt ist. An dieser Stelle wird noch einmal auf die Fachbuchreihe Ringen hingewiesen (*Ich lerne Ringen* und *Ich trainiere Ringen*; Barth & Ruch, 2012; Barth & Ruch, 2013), die speziell für den Anfänger- und Fortgeschrittenenunterricht im Ringen aufgelegt wurde und so auch in den Vereinen und Schulen zum Einsatz kommen kann.

Die Technikkataloge sind die Grundlage zur Sicherstellung einer variantenreichen Technikausbildung von Nachwuchsringern einschließlich der inhaltlichen Linienführung und sind Garant für ein interessantes Ringkampfsportangebot in den Vereinen und Stützpunkten in Deutschland. Für den DRB ist die Steigerung des Technikniveaus der Nachwuchsringer von großer Bedeutung für den langfristigen Erfolg. Der nachhaltige Verbleib der Kinder und Jugendlichen in der Sportart Ringen kann nur mit einem Technikausbildungsprogramm mit hohem Aufforderungscharakter und großer Motivation gesichert werden.

Nach einer Auswahl der wichtigsten Angriffstechniken im Ringen mit den insgesamt 136 Techniken erfolgte die Einordnung in drei Technikkataloge für die unterschiedlichen Ausbildungsetappen der Kinder und Jugendlichen im Ringen:

1. Grundausbildung (6 - 10 Jahre),
2. Grundlagentraining (11 - 12 Jahre),
3. Aufbautraining (13 - 14 Jahre)

Die Angriffstechniken sind im Einzelnen nach dem Anforderungsniveau der Ausbildungsetappen und der Altersstruktur für die Technikvermittlung im Technikerwerbstraining geordnet und folgen den Prinzipien vom Leichten zum Schweren bzw. vom Bekannten zum Unbekannten.

Die übergeordneten Strukturgruppen der Angriffstechniken im Stand- und Bodenringen sind in Anlehnung an biomechanische Gesichtspunkte eingeteilt worden. Bereits bestehende Bezeichnungen werden in der Systematisierung verwendet, wenn sie im Sprachgebrauch bereits fest verankert sind (Ruch, 2012).

Die Strukturgruppen im Standringen:

1. Überführen in die Bodenlage
   a. nach vorn
   b. nach hinten
   c. zur Seite
2. Wurf über den Rücken
3. Wurf vor der Brust
4. Wurf über die Brust
5. Wurf am Kopf
6. Angriffe des Verteidigers

Die Strukturgruppen im Bodenringen:

1. Wälzer
2. Kippen
3. Wurf vor der Brust
4. Wurf über die Brust
5. Wurf am Kopf/Kopfrolle
6. Angriffe aus der Unterlage

Die Angriffstechniken für den Standkampf und den Bodenkampf sind im Einzelnen nach den übergeordneten Strukturgruppen gegliedert und mit einem Techniknamen und einer Kennziffer versehen, die auf den Technikleitbildern abgebildet sind.

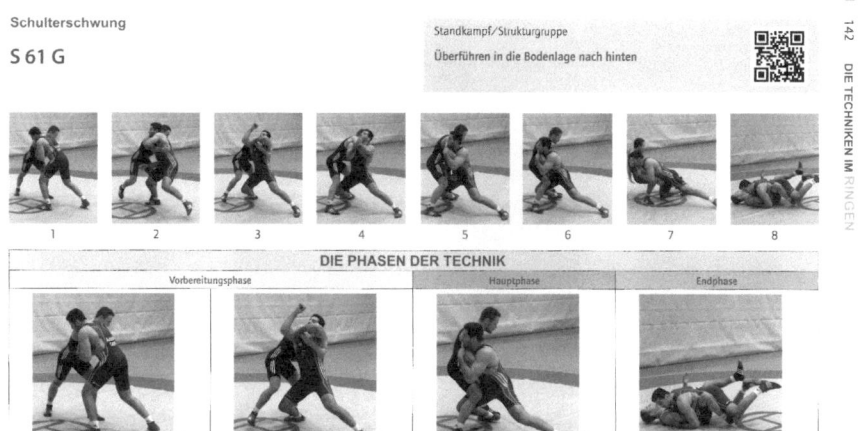

Abb. 3: Angriffstechnik-Leitbild S 61 G

Dabei wird im Ordnungssystem zuerst die übergeordnete Strukturgruppe der Technik genannt, dann folgt die Technikbezeichnung bzw. der Technikname. Anschließend wird die Kennziffer mit der Zuordnung zum Standringen (S 01 – S 89) oder Bodenringen (B 01 – B 47) und zur Stilart (G, F) aufgeführt (vgl. Abb. 3).

In den für die unterschiedlichen Altersstufen angebotenen Wettkämpfen werden die erlernten Angriffstechniken angewendet. Über die Wettkämpfe und das Training erfolgt eine individuelle Selektion von Angriffstechniken, die im Wettkampf angewendet werden. Außerdem erfolgt im Aufbautraining (13 - 14 Jahre / 15 - 16 Jahre) die Spezialisierung in eine der beiden Stilarten Freistil oder griechisch-römischer Stil, sodass in der Spezialisierungsphase eine weitere Selektion an Techniken nach den entsprechenden Wettkampfregeln der Stilarten erfolgen muss (Barth & Ruch, 2013).

4   Das Wieselabzeichen für Ringer

Der DRB hat innerhalb der Bildungskommission in den vergangenen Jahren eigene Vorstellungen für ein modernes Kinder- und Jugendtraining im Ringen entwickelt. Es werden neue Lehr-, Lern- und Erziehungsmethoden integriert und für die praktische Umsetzung auch die Eigenverantwortlichkeit der jungen Ringerinnen und Ringer gefördert. Die Mädchen und Jungen können eine zunehmend aktive Rolle in der Vorbereitung und Durchführung von Ringkampfstunden oder Trainingseinheiten einnehmen.

Für den Trainer ist wichtig, die konkreten Trainingsinhalte festzulegen, die zu einem zielorientierten Entwicklungsprozess der Kinder und Jugendlichen führen. Im Kinder- und Jugendtraining ist diese Zielorientierung langfristig angelegt und beinhaltet eine sehr große Weitsicht und Erfahrung des Trainers. Das setzt Kenntnisse über die einzelnen Entwicklungsstufen der Kinder und Jugendlichen im durchgängigen Trainingsprozess bis zur Hinführung auf eine internationale Hochleistungssportreife voraus. Die aufgeführten Technikkataloge helfen dem Trainer, diese Zielorientierung für das Techniktraining als Haupttrainingsschwerpunkt vorzunehmen.

Erstmalig wird dadurch in der Historie des DRB das Abprüfen von Trainingsinhalten im Kinder- und Jugendringen mit dem Schwerpunkt der Technikerlernung ermöglicht. Dazu führte der DRB für Anfänger das Wieselabzeichen ein, welches insbesondere als Anreiz zum Sammeln erster Erfahrungen in der Sportart Ringen im Verein, aber auch in der Kindertagesstätte und der Grundschule (6 - 10 Jahre) dienen soll. Das Wiesel Fritz führt die Kinder in das Ringen im ersten Kinder-Ringer-Buch *Ich lerne Ringen* in die Sportart ein (Barth & Ruch 2012).

Die Motivation zum Weitermachen sowie der Übergang in den Verein sollen damit gefördert und ermöglicht werden. Das Wieselabzeichen wird in zwei Teile unterteilt. Im ersten Teil werden die Grundlagen und Grundtechniken abgeprüft und im zweiten Teil einzelne Techniken für den Anfänger.

5   Das Ringkampf-Abzeichen RikA

Das Ringkampf-Abzeichen RikA des DRB in den Stufen Bronze, Silber und Gold (jeweils in zwei Stufen) gibt dem DRB und seinen Trainern erstmalig die Möglichkeit, den Techniklernprozess im Ringen mit einem Prüfungssystem zu forcieren, zu begleiten, zu fördern, zu kontrollieren und, was am wichtigsten ist, die Kinder und Jugendlichen zu motivieren. Die Forderung nach Technikvielfalt in den Wettkämpfen unserer Nachwuchssportler soll auch Kriterium für die Teilnahme an den Ligawettkämpfen (ab 14 Jahre) und die Teilnahme an den deutschen Einzelmeisterschaften im Jugendbereich sein.

Abb. 4: Ringer von Aspendos (SNG Tüb. 4293)

Als Bildmotiv für das Ringkampf-Abzeichen RikA des DRB wurden die auf einer antiken Münze abgebildeten *Ringer von Aspendos* ausgewählt (vgl. Abb. 4). Mit diesem Bildmotiv wird auf die antike Tradition der Sportart Ringen als eine der ältesten olympischen Sportarten aufmerksam gemacht und zugleich auf die enorme Verantwortung der aktuellen Repräsentanten der Sportart Ringen hingewiesen, diese Tradition durch eine moderne Weiterentwicklung der olympischen Sportart Ringen zu bewahren.

Die ersten Schritte für eine Dokumentation der sich herausbildenden Technikkonzeption eines jeden Ringers erfolgen in der nachfolgenden Übersicht (Abb. 5). Trainer und Athlet beraten im Training gemeinsam diese individuelle Technikkonzeption
und ergänzen sie in dem Bestreben, möglichst viele Techniken bei unterschiedlichen
Gegnern anwenden zu können (Technikvariabilität). Dabei spielt die Auswahl der
Durchführungsseite beim Gegner eine entscheidende Rolle für die Weiterentwicklung zu einer individuellen technisch-taktischen Kampfkonzeption im Leistungs- und
Hochleistungstraining.

6   Fazit

Mit dem Buch *Die Techniken im Ringen* wurde ein weiterer Baustein für die Weiterentwicklung der Sportart Ringen in Deutschland gelegt. Eine gut funktionierende
Nachwuchsarbeit mit didaktisch-methodischen Richtlinien für das Training der Kinder
und Jugendlichen bildet die solide Grundlage für die Sportart Ringen in der Zukunft.
Neben den vorgestellten Techniken ist die zusätzliche Präsentation jeder Angriffstechnik in einem Videoclip, der über einen QR-Code angeschaut werden kann, für
die Trainingspraxis besonders hilfreich.

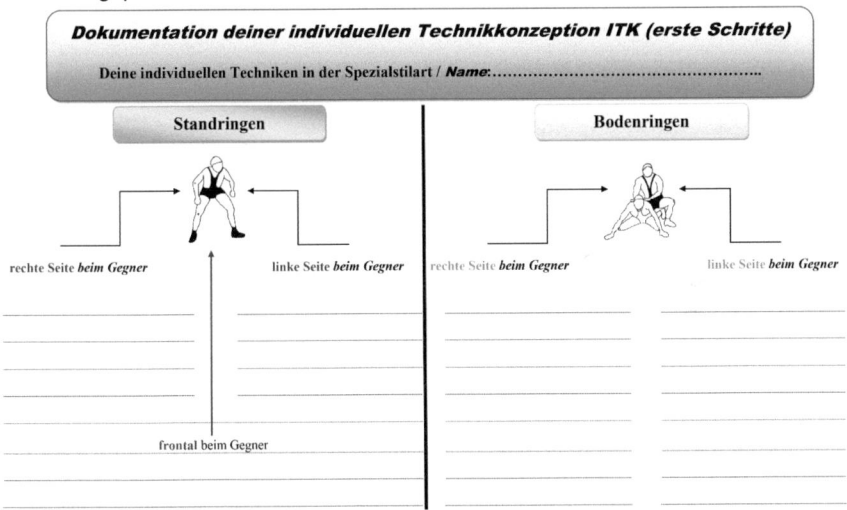

Trage die Techniken die du auch im Wettkampf anwenden kannst hier ein! Welche dieser Techniken wendest du auf der rechten bzw. linken
Seite beim Gegner an (Standringen und Bodenringen) oder frontal (z.B. Überführen nach hinten mit Hüftgriff). Zu welcher gegnerischen
Seite bringst du ihn in die Bodenlage (Standringen). Benutze dabei die Technik-Bezeichnungen aus den Büchern „ich lerne Ringen" und „ich
trainiere Ringen" und „Die Techniken im Ringen"(Verlag Meyer &Meyer).

Abb. 4: Dokumentation individuelle Technikkonzeption

Mit der Vorstellung der wichtigsten Angriffstechniken ist zudem an der Vereinheitli-
chung der Techniknamen gearbeitet worden. Die Reform der Technikbezeichnungen

ist die Grundvoraussetzung dafür, dass sich die Trainer und Athleten besser als bisher darüber verständigen können, welche Techniken im langjährigen Lehr- und Lernprozess vorgegeben und im Technikerwerbstraining vermittelt werden.

Literatur

Barth, K. & Ruch, L. (2012). *Ich lerne Ringen.* Aachen: Meyer & Meyer Verlag.

Barth, K. & Ruch, L. (2012*). Ich trainiere Ringen.* Aachen: Meyer & Meyer Verlag.

Barth, B. & Ruch, L. (2013). *Ringen – Modernes Nachwuchstraining.* Aachen: Meyer & Meyer Verlag.

Ruch, L. / Kühn, J. / Scheibe, J. / Zamanduridis, J. (2014). *Die Techniken im Ringen.* Aachen: Meyer & Meyer Verlag.

Ruch, L. (2012). *Leistungstraining Sport – Ringen. Kinder und Jugendliche im Leistungssport.* Band 12. 3. korrigierte und erweiterte Auflage. Wiebelsheim: Limpert Verlag GmbH.

Ruch, L. & Schrey R. (1996). *Techniktraining im Ringen.* Leistungssport, 26, (5), S. 42-48. Münster: Philippka-Sportverlag GmbH & Co. KG.

Ruch, L. & Schrey R. (1996). *Techniktraining im Ringen.* Leistungssport, 26, (6), S. 18-23. Münster: Philippka-Sportverlag GmbH & Co. KG.

Messung der kognitiven Repräsentation von Golfbewegungen - Optimierung des Trainings für Trainer und Athleten

Danny Wilde

1 Hintergrund und Problemstellung

Der Golfsport wird durch mehrere leistungsbestimmende Faktoren geprägt. Einer davon ist die Bewegungstechnik, auf die sich diese Arbeit beschränkt, hier konkret der volle Schwung, der als eine wesentliche Technik häufig genutzt wird. Zur Messung der Qualität golfspezifischer Techniken existiert ein großes Repertoire an entsprechenden Untersuchungsmethoden. Alle technischen den Körper betreffenden Analyseverfahren messen dabei durch äußere Beobachtung. Es obliegt dem Trainer/Beobachter, die gewonnenen Daten der von außen beobachteten Körperbewegungen zu begutachten und zu interpretieren. Aus dieser Interpretation wird dann auf die „innere Bewegungsvorstellung" des Athleten geschlossen, und es können Trainingsempfehlungen und Hinweise entwickelt werden. Letztlich wird der Erfolg dieser Trainingsinterventionen erneut über die Begutachtung des Bewegungsoutputs verifiziert. Es hängt somit in entscheidendem Maße davon ab, welche Expertise und welchen Gedächtnisbesitz ein Trainer vorweisen kann, um tatsächlich die Ursache eines Bewegungsfehlers zu erkennen und durch Training zu beseitigen. In der realen Trainingspraxis kann häufig beobachtet werden, dass sich Trainer auf bestimmte Technikdetails (z. B. Knie stabilisieren, Unterarmrotation, Hüftrotation, Arm gerade halten usw.) spezialisieren und im weiteren Trainingsprozess verstärkt diese Technikdetails sehen und korrigieren. Das kann langfristig zu einer stark eingeengten, sich wiederholenden Interpretation der objektiv gemessenen Informationen über die Technik eines Athleten führen.

Daneben nehmen kognitive Repräsentationen (innere Abbilder) einen wichtigen Platz in der Kontrolle und Organisationen von Handlungen während einer Bewegung ein. Sie werden in jeder Handlung aktiviert, um die prozessierte Informationsmenge einzugrenzen (Schack, 2012). Gerade in Sportarten mit schnell ausgeführten und zielorientierten Bewegungen müssen die notwendigen Informationen sofort zur Verfügung stehen. Das kognitive Abbild basiert auf einem differenzierten effektorientierten Bewegungsgedächtnis des Sportlers inklusive der dazugehörigen sensorischen Empfindungen. Allerdings sind diese vom Sportler nur schwer zu kommunizieren und deshalb auch nur schwer zugänglich.

Schack (2002, 2006) hat mit der SDA-M (Strukturdimensionale Analyse mentaler Repräsentationen) auf der Basis von Basic Action Concepts (BACs) ein Verfahren entwickelt, diese implizite Gedächtnisstruktur auf Basis von Entscheidungen eines Athleten sichtbar zu machen, um die Kommunikation über die entsprechende Bewegung zu erleichtern. Nachdem es bereits einige Untersuchungen in diversen Sportarten gab, untersucht die Arbeitsgruppe von Prof. Dr. Thomas Schack an der Universität Bielefeld seit 2010 auch den Golfschwung.

Die Fragestellung dieser Arbeit liegt genau in diesem Spannungsfeld zwischen Rückschluss auf den internen Gedächtnisbesitz aus dem quantifizierbaren Bewegungsoutput und der Entwicklung geeigneter Trainingsinterventionen. In einem ersten Schritt wird die Frage beantwortet, ob die SDA-M in Abgrenzung zu einem anderen vielgenutzten Beobachtungsverfahren, der klassischen Videoanalyse, einen Mehrwert für die Technikdiagnostik darstellt, um die Grenzen bestehender Technikdiagnostikverfahren zu erweitern. Darüber hinaus ist die zentrale Frage zu beantworten: Was nimmt ein Trainer während der Bewegungsausführung eines Athleten nicht wahr? Kann die SDA-M-Methode im Leistungsgolfsport zur Anwendung gebracht werden und liefert sie weiterführende Erkenntnisse über den Gedächtnisbesitz einzelner Athleten?

Erwartet wird, dass sich die Testergebnisse von den von „außen" betrachteten Videoaufnahmen darin unterscheiden, dass der identifizierte Bewegungsfehler derselbe ist, aber die Ursache dieses „Symptoms" genauer bestimmt werden kann. Dies ermöglicht eine zielgerichtete methodisch-didaktische Vorgehensweise bei der Fehlerkorrektur. Sie soll genau dort ansetzen, wo der Bewegungsfehler tatsächlich entsteht: im Kopf.

2 Durchführung

Zur Beantwortung der Fragestellung in dieser Arbeit wurden zwei diagnostische Verfahren auf dieselben Athleten angewendet:

- computergestützte Analyse der mentalen Repräsentation der Golf-Grundschwungbewegung mit einem Eisen 7 Schläger mittels der SDA-M (nach Schack, 2006) durch zehn Leistungsgolfspieler
- anschließende Bewertung des Bewegungsablaufs mittels Videoanalysebogen und synchroner Videoaufnahmen aus zwei Perspektiven durch neun Golfprofessionals mit einem sehr hohen Expertise-Niveau

Die zehn Golfspieler sind gekennzeichnet durch ein mittleres Alter von 21,2 Jahren (Standardabweichung 8,26 Jahre) und ein mittleres Handicap von + 2,6 (+ 0,8 bis + 4,6, Standardabweichung 1,27). Die Trainer waren durch den Deutschen Golfverband DGV sowie die PGA of Germany ausgebildet, aber mit den Athleten bezüglich ihres technischen Bewegungsablaufs nicht vertraut.

Computergestützte Analyse der mentalen Repräsentation SDA-M

Der Golfschwung folgt funktionalen und biomechanischen Kriterien. Um ihn in den verschiedenen variablen Spielsituationen einsetzen zu können, muss sein Bewegungsablauf erlernt werden. Durch gezieltes Techniktraining werden einzelne Bewegungsbausteine Schritt für Schritt etabliert und zu einer effektorientierten komplexen Bewegungshandlung zusammengeführt.

Veränderungen in der Bewegungsqualität und die damit verbundenen Veränderungen der Repräsentationen im Langzeitgedächtnis werden durch die Hilfe der SDA-M (Schack, 2006) erfasst. Hier werden nicht nur Begrifflichkeiten untersucht oder in Zusammenhang gebracht, die Methode bezieht ausgewählte Basic-Action-Concepts (BACs) mit ein. Dies sind kognitive Zusammenfassungen von Bewegungen hinsichtlich gemeinsamer Funktionen bei der Realisierung von Handlungszielen. Die SDA-M ermittelt kognitive Repräsentationsstrukturen im Langzeitgedächtnis von ganzen motorischen Einheiten (Schack, 2002).

Beim Golfsport untersucht die SDA-M einen Abgleich von beschrifteten Knotenpunkten (Basic Action Concepts; BACs) innerhalb der Bewegung des vollen Schwungs am Computerbildschirm. Im Ergebnis stellt sie einen Zusammenhang hierarchischer Ordnung dar. 16 relevante BACs eines Eisen-7-Golfschwunges wurden in der biomechanischen Bewegungsstruktur identifiziert und in ihrer funktionalen Struktur beschrieben. Die Auswahl der Knotenpunkte geschah unter Berücksichtigung klassischer aus der Bewegungslehre bekannter Begrifflichkeiten.

Diese BACs wurden von jedem Athleten in einer Splitprozedur hinsichtlich ihrer Zusammengehörigkeit bewertet. Dabei stand jeweils ein BAC in der Referenzposition und wurde mit jedem anderen verglichen, bevor das nächste BAC in die Referenzposition gestellt wurde. Dies geschah nach immer derselben Fragestellung: „Gehören diese gezeigten Knotenpunkte für Sie bei der eigenen Ausführung der Bewegung zusammen (positiv), oder nicht (negativ)?". Anschließend wurden alle Vergleiche in eine 16 x 16 BACs große Matrix zusammengeführt und in einem Clusterverfahren die funktionalen Beziehungen untereinander abgebildet. So wurden die im Langzeitgedächtnis gemessenen Repräsentationsstrukturen, die auch als „tacit knowledge" (Neuweg, 2005) oder stilles Wissen beschrieben werden, sichtbar. Im Ergebnis der Clusteranalyse der SDA-M steht ein Dendogramm. Dieses kann als baumartige Struktur beschrieben werden (siehe Abb. 1).

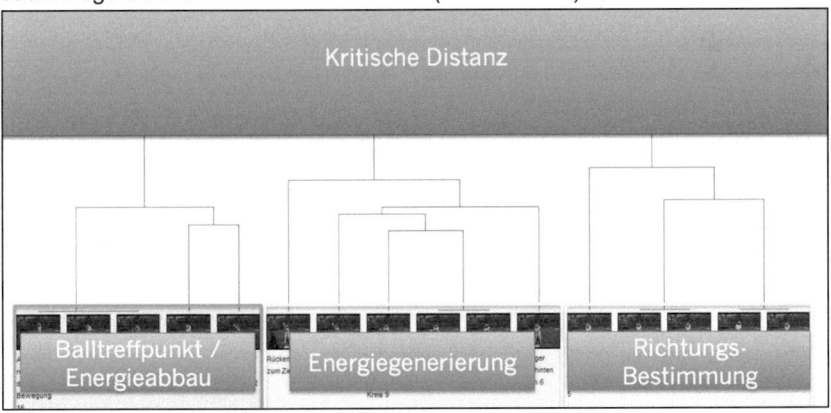

Abb. 1: Dendogramm der Golfschwung-Analyse mittels SDA-M.

Für diese Untersuchung wurde ein Auswertungsbogen mit den Schritten Festlegung der kritischen Distanz, Identifizierung der Clusterstrukturen und der Knotenpunkte innerhalb der Cluster sowie ggf. einzelne Knotenpunkte verwendet. Nach Klärung der funktionalen Zusammengehörigkeit wurden den Clustern falls möglich Oberbegriffe zugewiesen.

Videoanalysen

Die Videos wurden mit zwei Kameras synchron aus zwei Perspektiven aufgenommen, mit der GASP Video-Analyse-Software verarbeitet und den Trainern als Dateien zur Verfügung gestellt, die sie je nach Bedarf wiederholt wiedergeben konnten. Vom Berufsverband aller deutscher Golflehrer (PGA of Germany) wurde ein Videoanalysebewertungsbogen zur Verfügung gestellt, dessen Hauptfunktion üblicherweise in der Abschlussprüfung zum Golflehrer liegt. Er ist unterteilt in fünf Bewertungsabschnitte: Treffmomentfaktoren, Schläger bzw. Schlägerweg, Setup bzw. Grundhaltung, Abweichungen vom Grundschwung sowie Korrekturprioritäten mit den dazugehörigen Veränderungserwartungen. Die Videoanalyse der Bewegung verläuft nach immer demselben Muster: Sie analysiert die Golfschwungbewegung im Abgleich mit einer Leitbewegung und fordert zu einer Lösung auf.

3 Ergebnisse

Ergebnisse der SDA-M

Für jeden Athleten wurde jeweils ein Dendogram erstellt. Abbildung 2 zeigt die Ergebnisse der SDA-M aller teilnehmenden Versuchspersonen gemittelt. Eine vereinfachte und zusammengefasste Darstellung des wesentlichen Ergebnisses der Struktur der BACs zeigt Abbildung 3, in der ausschließlich die entstandene Clusterstruktur visualisiert ist.

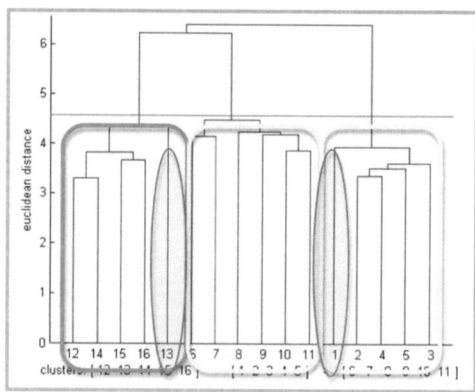

Abb. 2: gemittelte Clusterstruktur.

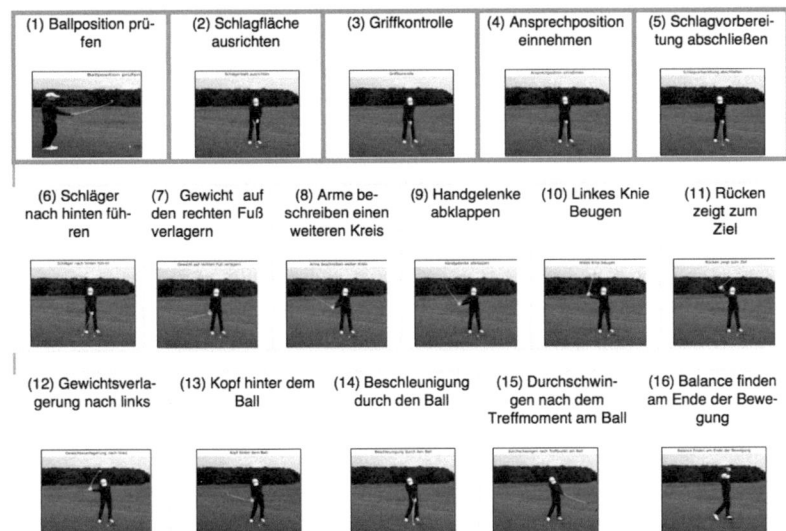

(1) Ballposition prüfen	(2) Schlagfläche ausrichten	(3) Griffkontrolle	(4) Ansprechposition einnehmen	(5) Schlagvorbereitung abschließen
(6) Schläger nach hinten führen	(7) Gewicht auf den rechten Fuß verlagern	(8) Arme beschreiben einen weiteren Kreis	(9) Handgelenke abklappen	(10) Linkes Knie Beugen	(11) Rücken zeigt zum Ziel
(12) Gewichtsverlagerung nach links	(13) Kopf hinter dem Ball	(14) Beschleunigung durch den Ball	(15) Durchschwingen nach dem Treffmoment am Ball	(16) Balance finden am Ende der Bewegung

Abb. 3: BACs in den Clustern.

Die Gesamtstruktur der untersuchten Experten zeigt – wie erwartet – eine funktional gegliederte kognitive Repräsentation der Bewegung des vollen Schwungs. Die Invarianzanalyse zeigt, dass die vorliegende Struktur zu einer theoretisch definierten Idealstruktur ($\lambda = 1.0$) nicht nur invariant, sondern identisch mit dieser ist. Im Detail kann die Repräsentationsstruktur so interpretiert werden, dass die Gesamtbewegung des vollen Schwungs in drei separaten Phasen repräsentiert ist: die Schlagvorbereitung (Knotenpunkte/BACs 1 – 5), die Phase des Rückschwungs (Knotenpunkte/BACs 6 – 11) und die Phase des Abschwungs mit dem Treffmoment am Ball (12 – 16).

Bei den hier untersuchten Spielern sind einige Besonderheiten auffällig:

- In Cluster 1 (Schlagvorbereitung) ist Knotenpunkt/BAC 1 (Ballposition prüfen) nicht so eng an die anderen Bewegungsbausteine gekoppelt. Bei Athleten dieses sehr hohen Expertenniveaus nimmt die Prüfung der Ballposition eine gesonderte Stellung ein, da mit ihr wesentliche spieltaktische Entscheidungen in enger Verbindung stehen. Die hier untersuchten Athleten widmen diesem Knotenpunkt/BAC der Schlagvorbereitung besondere Aufmerksamkeit.

- Im 2. Cluster wird besonderer Wert auf die Subgruppe Start des Rückschwungs (BAC 6 – 7) gelegt: Dieser Bewegungsabschnitt bestimmt den weiteren Verlauf der Bewegungsausführung. Es wird quasi nach der optimalen Bewegungsausführung gesucht und an dieser Stelle die Variabilität der Bewegungsqualität definiert. Das bedeutet, je schlechter die Ausführungsqualität an dieser Stelle ist, desto größer ist die mögliche Bandbreite der Ausführungsqualität am Ende des Rückschwungs.

- Im 3. Cluster, der Phase Abschwung/Treffmoment am Ball, wird bei den Experten die zentrale Bedeutung des Treffpunktes am Ball deutlich (BAC 14), der gemeinsam mit dem Knotenpunkt 12 funktional repräsentiert wird. Auffällig ist, dass in Abweichung zum Idealbild BAC 13 (Kopf hinter dem Ball) nicht hier integriert, sondern isoliert ist. Das könnte daran liegen, dass dieser Knotenpunkt bei der Bewegungsausführung der Experten nur eine untergeordnete Rolle in der Bewegungsausführung des Abschwungs spielt.

Neben der Betrachtung des gemittelten Ergebnisses sind auch die Einzelanalysen der individuellen Auswertungen ertragreich. Dies soll hier exemplarisch dargestellt werden.

So zeigt sich bei Spieler 3 u. a. eine Auffälligkeit bei den BACs 8 (Arme beschreiben einen weiten Kreis) und 13 (Kopf hinter dem Ball). Diese wären idealtypisch in zwei bestehenden Clustern integriert. Sie stehen jedoch isoliert als enges eigenständiges Cluster im Dendrogram. Das könnte daran liegen, dass diese beiden Knotenpunkte in der Bewegungsvorstellung dieses Spielers nicht genügend weit getrennt liegen. Als Folge kann ein Timing-Problem entstehen, da sich das Ende des Rückschwungs mit dem Abschwung vermischt.

Bei Spieler 9 zeigen sich fünf Cluster und ein Einzelmerkmal. Eines der entstandenen Cluster repräsentiert sowohl einen Teil aus der Vorbereitungsphase als auch einen Teil aus der Ausholbewegung. Eine klare gedankliche Trennung zwischen Vorbereitungsphase und Ausholphase ist nicht zu erkennen. Der allein stehende Knotenpunkt könnte so isoliert sein, weil er bei der Bewegungsausführung dieses Spielers keine oder nur eine untergeordnete Rolle im Rückschwung spielt.

Ergebnisse der Videoanalyse

Für die Videoanalyse wurde wie oben beschrieben ein PGA-Videoanalysebogen verwendet. Die Darstellung erfolgt in diesen Bereichen mit einer unterschiedlichen Anzahl von Teilkriterien, jedes der Kriterien wurde mit je drei Antwortmöglichkeiten aufgeführt:

- Schläger bzw. Ball: Schlägerebene, Hände, Schlägerfläche
- Setup I: Griff, Körperwinkel
- Setup II: Ballposition, Fußausrichtung, Schwerpunkt, Schulter
- Abweichung vom Grundschwung: Körperdrehung, Unterarmrotation, Winkeln und Beugen, Arme lösen und senken.

Ergänzend dazu werden als fünfter Bereich Korrekturprioritäten einschließlich der erwarteten Auswirkung auf die Bewegung erfasst. Anschließend wurden die Bewertungen durch alle Trainerexperten für jeden einzelnen Spieler zusammengefasst. Eine detaillierte Darstellung aller Ergebnisse ist an dieser Stelle aus Platzgründen nicht möglich. Exemplarisch sei hier für einen ausgewählten Spieler (Spieler 3, wie oben) die Zusammenfassung der Bewertungen im Bereich „Abweichung vom Grundschwung" dargestellt. Die angegebenen Zahlen in den Feldern sind Codes für die jeweiligen Begutachter.

Tab 1: *Darstellung Ergebnisse „Abweichung vom Grundschwung"*

		Ausholen bis 9 Uhr	Ausholen bis oberer Totpkt.	Abschwung bis9 Uhr
Körperdrehung	wenig	1, 3, 5, 6, 7, 9		
	ok	2, 4, 8	1, 2, 3, 4, 7, 8, 9	1, 2, 3, 4, 5, 7, 8, 9
	viel		5, 6,	6,
Unterarmrotation	wenig	3,		3, 4, 5, 6, 7, 8, 9
	neutral	1, 2, 4, 5, 6, 7, 8, 9	4, 5, 6, 7, 9	1, 2,
	viel		1, 2, 3, 8	
Winkeln und Beugen	früh	4,		3
	ok	1, 2, 5, 6, 7, 9	1, 2, 3, 5, 6, 7, 8, 9	1, 2, 5, 7, 9
	spät	3, 8		6, 8
Arme lösen und senken	früh			
	ok	4, 5, 2, 6, 7, 8, 9	1, 3, 4, 2, 5, 6, 7, 8, 9	1, 4, 5, 6, 7, 8, 9
	spät	1, 3		2, 3

In der Gesamtschau lässt sich feststellen, dass sich in den Beurteilungen durch die Trainerexperten meist bestimmte Richtungen (mit gewisser Bandbreite) herausstellen. Die hier nicht explizit dargestellten Korrekturprioritäten für die Bewegung waren allerdings in Bezug auf den Schwungphasenfokus in einer weiteren Bandbreite unterschiedlich. Die geforderte Auswirkung auf die Bewegung konnte wieder klarer eingegrenzt werden. Bei ihrer didaktischen Herangehensweise in Bezug zum Technikleitbild waren sich alle Trainer in einem Punkt einig: Der oben als Beispiel aufgeführte Proband 3 soll durch die Korrekturmaßnahmen einen steileren Schlägerweg im Abschwung erreichen. Auffällig war allerdings auch, dass teilweise als „ok" beschriebene Positionen dennoch in die Korrekturvorschläge einbezogen wurden.

Gesamtinterpretation der SDA-M und Videoanalyse

Wie bei diesem Leistungsniveau zu erwarten, ergaben die SDA-M Ergebnisse der zehn Probanden klar voneinander abgegrenzte Clusterstrukturen mit kleinen Distanzen zwischen den BACs der effektorientierten Treffmomentphasen. Diese funktional repräsentierte Gedächtnisstruktur der Bewegung „Voller Schwung im Golf" bestätigt die Ergebnisse anderer Studien der Sportarten Tennis (King, 2003) oder Judo (Weigelt et al., 2011). Auch dort zeigten die Experten eng miteinander verknüpfte BACs innerhalb der funktional repräsentierten Bewegungsphasen. Individuell betrachtet ergaben sich auch individuelle Unterschiede mit Ansatzpunkten für eine Bewegungskorrektur.

In den Videoanalysen zeigte sich, dass die Trainer weitgehend und erwartungsgemäß konsistent in der Beurteilung der einzelnen Positionen der Schläger- und Körperbewegungen waren. Bei den Korrekturansätzen und der didaktischen Vorgehensweise konnten größere Unterschiede festgestellt werden, ohne dass ein zusammenfassender Kardinalfehler extrahiert wurde: eine „Trainer-Handschrift" war deutlich erkennbar. Diese entsteht in der Regel durch eine Art Erfahrungsfilter, der sich im Lauf der Trainertätigkeit einstellt.

Im spielerbezogenen Abgleich zwischen SDA-M und Videoanalyse zeigten sich verschiedene Aspekte. Beispiel Proband 3: Die Trainer diagnostizierten eine zu geringe Drehung des Oberkörpers im Rückschwung. Weniger Unterarmrotation in der Ausholbewegung sollte helfen, den Schläger steiler im Abschwung zu bewegen. Dem gegenüber steht in der SDA-M eine gedanklich stark „früh" repräsentierte Vorwärtsbewegung – diese Ursache würde durch die empfohlene Korrektur nicht behandelt. Die exzessive laterale Schiebebewegung des Körpers beim Ausholen ist deutlich erkennbar, wurde aber in der Videoanalyse nicht dokumentiert. Diesen Fokus lieferte die SDA-M.

Beide Analyseverfahren haben ihre Berechtigung und bedingen sich gegenseitig. Die Messung der kognitiven Strukturen durch die SDA-M bietet die Richtung an, die im Video oder in der Kommunikation mit dem Schüler detaillierter behandelt werden kann. Ohne SDA-M wird jedoch in den meisten Fällen nur subjektiv bewertet, die SDA-M bietet objektive Fakten, indem der Athlet seine Repräsentationsstrukturen frei gibt.

4   Diskussion und Fazit

Die SDA-M-Analysen dieser Arbeit zeigen, dass die Denkstrukturen der Athleten sich in ihrer Grobform „Clusterbildung" (Phasenmodell nach Göhner) stark ähneln. Eine detaillierte Analyse stellt heraus, dass einzelne Spieler jedoch über individuelle kognitive Unterschiede verfügen.

In den Videoanalysen der verschiedenen Trainer konnte festgestellt werden, dass sich ihre Beobachtungsergebnisse als relativ homogen und konsistent beschreiben lassen. Jedoch war die jeweilige Herangehensweise im Hinblick auf die Korrekturprioritäten und deren Auswirkung auf die Bewegung äußerst variabel und sehr unterschiedlich. Die Korrekturprioritäten grenzten sich stark von den vorher dokumentierten Schwungpositionen ab. Eine Fixation der Aufmerksamkeit in der Korrektur auf einen Bereich des Schwunges ist zu beobachten. Es ist zu erkennen, dass die Ursache dieses Phänomens womöglich in der „Trainerhandschrift" liegt.

Daher stellt sich zunächst die Frage, ob im Golftechniktraining die Messungen der Gedächtnisstrukturen nur für den Trainer, den Athleten oder für beide ein probates Analyseverfahren ist, um an der wahren Ursache einer Bewegungsauffälligkeit zu arbeiten. Das SDA-M-Verfahren konnte zeigen, dass die höchst wertvolle, exakte Bewegungsvorstellung des Athleten visualisiert wird. Die Form der Darstellung ist höchst eingängig und leicht verständlich für beide.

Im Abgleich mit den in dieser Studie vorgegebenen BACs konnten in einem ersten Schritt Bewegungsauffälligkeiten festgestellt werden: Schlüsselpunkte, die für eine

Kommunikationsbasis zwischen Athlet und Trainer sehr wichtig sein können. Genau durch diese gemeinsame und direkte Verständigung über das „wahre" Bewegungsproblem und die damit verbundene Auswahl individualisierter und zielgerichteter Trainingsmittel ist eine nachhaltige Verbesserung der Bewegung und der im Langzeitgedächtnis gespeicherten Repräsentationsstruktur der Golfschwungbewegung zu erwarten. Dies wiederum wurde bereits in Studien aus anderen Sportarten (z. B. Tennisaufschlag; Schack 2012) geprüft und verifiziert. Empfehlenswert ist eine Verbindung aus beiden Methoden. Daraus können Trainingshinweise und Praxisempfehlungen abgeleitet und verstanden werden. Die SDA-M stellt eine sinnvolle Bereicherung für die Trainingsarbeit im Bereich des Techniktrainings dar, da die Ursache eines bestehenden Bewegungsproblems schneller und objektiver diagnostiziert werden kann als bislang. Dadurch lassen sich Trainingsinterventionen besser gestalten und in ihrer Wirkung erfassen. Im Hinblick auf die „Trainerhandschrift" könnte es auch von Vorteil sein, wenn Trainer Kenntnis auch über ihre eigenen Gedächtnisstrukturen hätten. Auch dies könnte ihnen helfen, mit ihrer Kommunikation die Athleten besser zu erreichen.

Literatur

Neuweg, G. (2005). *Implizites Wissen als Forschungsgegenstand.* In: F. Rauner (Hrsg.): Handbuch der Berufsbildungsforschung. Bielefeld: Bertelsmann, 581-588.

King, G. (2003). *Mentale Repräsentationen und ihre Bedeutung für die kognitive Struktur des Langzeitgedächtnisses sowie die Kapazität des Kurzzeitgedächtnisses am Beispiel des Tennis-Twist-Aufschlags.* Dissertation Deutsche Sporthochschule Köln.

Schack, T. (2002). *Zur kognitiven Architektur von Bewegungshandlungen – modelltheoretischer Zugang und experimentelle Untersuchungen.* Unveröffentlichte Habilitation Deutsche Sporthochschule. Köln, Psychologisches Institut.

Schack, T. (2006). *Representation of motor skills in human longterm memory.* Neuroscience Letters, Ausgabe 391. 77-81.

Schack, T. (2012). *Measuring Mental Representations.* https://www.unibielefeld.de/sport/arbeitsbereiche/ab_ii/publications/pub_pdf_archive/Schack%20(2012)%Mental%20representation%20 Handbook%20of%20meas.pdf. Zugriff am 20.08.2013.

Weigelt, M. (2011). *The cognitive representation of a throwing technique in judo experts - Technological ways for individual skill diagostics in high-performance sports.* Psychology of Sport and Exercise, 12, 231-235.

International Sport Coaching Journal

Increase coaching knowledge, enhance athletes' experiences

The International Sport Coaching Journal (ISCJ) seeks to advance the profession of coaching through research articles, informative essays, experiential accounts, and systematic applications that enhance the education, development of knowledge, leadership, and best practices of coaches. A joint venture of the International Council for Coaching Excellence (ICCE) and SHAPE America (Society of Health and Physical Educators), ISCJ will publish a blend of relevant studies, technical insights, examples of coaching methods employed around the world, engaging front-line stories, and thought-provoking commentaries.

With an editorial board composed of professionals from eight countries engaged in coaching, coaching education, and coaching research, ISCJ is an all-inclusive medium that extends beyond the research community to all coaches, both paid and unpaid, full- and part-time, to expand their knowledge in all facets of coaching. The journal features scientific articles about coaching and coaching education that appeal to practicing coaches, administrators, and researchers; showcase best practices; and establish a more universal language in coaching.

ISCJ is unique in that all material centers on the role, qualifications, competencies, strategies, methods, and applications of coaches rather than on sports and athletes in general. Each issue of ISCJ includes seven sections that will benefit a diverse range of coaches, including an opening editor's note, peer-reviewed articles, innovations in the field, reports of specific successful documented initiatives that demonstrate best practices, insights on various issues or approaches in coaching and coaching education, reviews of worthwhile reading in coaching research and practice, and relevant papers and abstracts from coaching conferences. Select issues may focus on important topics, such as motivation in coaching or new approaches in the field.

Editor In Chief
- Wade Gilbert, California State University-Fresno, USA

Associate Editor
- Cliff Mallett, University of Queensland, Australia
- Mike Sheridan, Ohio University, USA
- Editorial Board Kim Bodey, Indiana State University, USA
- Tania Cassidy, University of Otago, New Zealand
- Jean Côté, Queen's University, Canada
- Larissa Galatti, Universidade Federal de Santa Catarina, Brazil
- Andrew Gillham, Ludus Consulting, LLC, USA
- Dan Gould, Michigan State University, USA
- Koon Teck Koh, National Institute of Education, Singapore
- John Lyle, Leeds Metropolitan University, England
- Lutz Nordmann, Trainerakademie, Germany
- Pierre Trudel, University of Ottawa, Canada
- Penny Werthner, University of Calgary, Canada
- Bingshu Zhong, University of Physical Education and Sports, Republic of China

Frequency: 3x/Annually,
Print version ISSN: 1932-9997
Online version ISSN: 1932-9253
To subscribe: http://journals.humankinetics.com/subscriberenew-iscj
To submit a manuscript:
http://journals.humankinetics.com/submit-a-manuscript-to-iscj
Sign up to receive each issue's table of contents:
http://journals.humankinetics.com/receive-toc-by-email-iscj

Preliminary Announcement and Call for Papers

 **10th ICCE Global Coach Conference**
'Coach and Athlete Empowerment: a winning combination'
Vierumäki, Finland, 23–25 August 2015

Autorenverzeichnis

Name: Daniel Behringer
Sportart: Tischtennis
Aktuelle Trainertätigkeit: Landestrainer von Baden-Württemberg
Diplom-Trainer seit: April 2014
Größter Erfolg als Trainer: Arbeiten in einem funktionierenden Trainerteam im Landesstützpunkt Heilbronn und in Baden-Württemberg, mit welchem wir Spielern zu nationalen Ranglistensiegen und Meistertiteln führen und begleiten konnten.
Größter Erfolg als Athlet: keine

Name: Carsten Gooßes
Sportart: Schwimmen
Aktuelle Trainertätigkeit: Landestrainer im Landes-schwimmverband Niedersachsen am DSV Stützpunkt Hannover
Diplom-Trainer seit: April 2014
Größter Erfolg als Trainer: Silbermedaille 4x100 Lagen OS 2004 Athen, 3. Platz WM 2001 Fukuoka 100m Rücken, Silbermedaille 200m Rücken Kurzbahn EM 2003
Größter Erfolg als Athlet: nicht erwähnenswert

Name: Stephan Haumann
Sportart: Hockey
Aktuelle Trainertätigkeit: Cheftrainer Uhlenhorster Hockey-Club
Diplom-Trainer seit: April 2014
Größter Erfolg als Trainer: Deutscher Meistertitel als Co-Trainer mit den Damen des UHC Hamburg (2014), Deutscher Meistertitel als Cheftrainer mit der weiblichen Jugend des UHC Hamburg (2011 und 2012), Aufstieg Hockeyherren Schwarz-Weiß Köln in die Bundesliga (2009).
Größter Erfolg als Athlet: Steht in Form des nächsten Hamburg-Marathons hoffentlich noch aus.

Name: Lutz Klemm
Sportart: Leichtathletik/Wurf
Aktuelle Trainertätigkeit: Landestrainer Diskus- und Hammerwurf
Diplom-Trainer seit: April 2014
Größter Erfolg als Trainer: Andreas Hofmann / Teilnahme EM Zürich / Speerwurf
Größter Erfolg als Athlet: keine

Name: Dietmar König
Sportart: Eisschnelllauf
Aktuelle Trainertätigkeit: keine (Sportlehrer)
Diplom-Trainer seit: April 2014

Name: Klaus Oltmanns
Sportart: Leichtathletik
Aktuelle Tätigkeit: Wissenschaftlicher Referent an der
Trainerakademie Köln

Name: Klaus-Dieter Petersen
Sportart: Handball
Aktuelle Trainertätigkeit: CommEvent Management GmbH in Kiel
– Sportlicher Leiter
Diplom-Trainer seit: November 2014
Größter Erfolg als Trainer: Jugend Europameister 2008 und 2012,
Aufstieg 2. Bundesliga 2012/2013 mit dem TSV Altenholz
Größter Erfolg als Athlet: Europameister 2004, Silbermedaille bei
den Olympischen Spielen 2004 in Athen

Name: Thorsten Ribbecke
Sportart: Leichtathletik
Aktuelle Tätigkeit: Wissenschaftlicher Referent an der
Trainerakademie Köln, Leiter der Athletiktrainerausbildung des
DOSB, Athletiktrainer der HSG Wetzlar (Bundesliga Handball)
Größte Erfolge als Trainer: 10 Jahre im Nachwuchsleistungssport
/ Athletiktrainer in Handballbundesliga
Größter Erfolg als Athlet: Mehr Leidenschaft als Talent!

Name: Lothar Ruch
Sportart: Ringen
Aktuelle Trainertätigkeit: Funktionstrainer im Deutschen Ringer-Bund e.V., Bildungsreferent & Wissenschaftskoordinator, Koordinator Ringen an der Trainerakademie Köln
Größte Erfolge als Trainer: Olympiasieg mit Maik Bullmann; Olympia-Silbermedaille Thomas Zander und Rifat Yildiz; Olympiasieg Karam Gaber (Ägypten); Weltmeister Thomas Zander, Rifat Yildiz, Alfred Ter Mkrtchyan, Maik Bullmann.
Größter Erfolg als Athlet: mehrfacher Deutscher Meister; 6. Europameister, Olympiaqualifikation 1984.

Name: Danny Wilde
Sportart: Golf
Aktuelle Trainertätigkeit: Head-Coach Herren Golf Club St. Leon Rot
Diplom-Trainer seit: April 2014
Größter Erfolg als Trainer: Deutscher Mannschaftsmeister mit dem Herrenteam des GC St. Leon Rot 2012, European Ladies Tour Hattrick Siege mit Martina Eberl 2008, Diverse Top 10 Platzierungen auf der PGA Tour mit Alexander Cejka.
Größter Erfolg als Athlet: Teilnahme an internationalen Profigolf Turnieren.